JN239682

親子でできるモンテッソーリ教育とマインドフルネス

島村華子

集中力がアップし、感情コントロールができる子に！

島村華子の家庭教育シリーズ①

創元社

はじめに

モンテッソーリ教育って天才教育なの？　マインドフルネスってなんだか馴染みのない言葉だけど、宗教的なもの？　そもそも幼児教育とマインドフルネスにどんな関係があるの？

タイトルを見て、興味が湧いた方も疑問に思われた方もいるかもしれません。この本では、モンテッソーリ教育とマインドフルネスの関連性に焦点を当て、みなさまの興味や疑問にお答えします。

日本でも名前がよく知られてきているモンテッソーリ教

育は、オルタナティブ教育（非伝統的教育）の一つで、子どもたちが自己表現や自立性を伸ばす環境を提供しています。

一方でマインドフルネスは、現在の瞬間に注意を向け、心の平穏を育む方法で、ストレス社会と言われる現代において、企業や学校でも注目を浴びるようになっています。


深い集中力や内面の発達など、子どもたちが自然にマインドフルネスを身につける教育方法として近年注目されているのが、モンテッソーリ教育です。

一部の人は、マインドフルネスという言葉に抵抗を感じるかもしれません。しかし、マインドフルネスは宗教的なものではなくて、ストレスや不安など多くの人が日常的に抱えている問題に対処するための、ちょっとしたコツみたいなものです。

例えば、深呼吸やヨガをするだけでも、心が落ち着いてくることがありますし、感謝の気持ちを持つことで、毎日の生活が少しでも明るくなることもあるでしょう。

「Yesterday is history, tomorrow is a mystery, today is a gift（昨日は過去のこと。未来はわからない。今日という日は贈り物）」という言葉があります。

過去の後悔にくよくよすることなく、まだ起こっていない未来の心配にとらわれることなく、「今」というプレゼントに感謝し、現在に焦点を当てることの大切さを表現した言葉です。私が子どもたちを見ていて、うらやましいなと思う瞬間は、今を全力で生きている点です。子どもほど、無意識にこの「プレゼント」を体現している存在はなかなかいないと思うのです。

マインドフルネスがすべての人にとって共感を得られる

ものではないと思いますが、「今を大事にする」というマインドフルネスの考え方は、多くの人々にとって意味があるはずです。

この本は、マインドフルネスを自然な形で取り入れる方法や、モンテッソーリ教育からヒントを得て子どもたちの成長をサポートするさまざまなアイデアを紹介しています。親子の関係を深めるだけでなく、大人も子どももストレスや感情を管理するのにも役立ちます。

とはいえ、私自身、マインドフルネスを毎日実践し、ストレスのない生活を送っているかというと、そんなことはもちろんありません。また、モンテッソーリ教育のトレーニングを受けているとはいえ、いつもモンテッソーリの教え通りに子どもたちに接することができているわけでもありません。

マインドフルネスは、完璧さを求めるものではありません。むしろ、完璧でない自分をそのまま受け入れるための一つの考え方であり、忙しい日々の中で振り回されている時こそ「ストップ」をかけてくれるツールなのです。

この本が、マインドフルネスやモンテッソーリ教育を試してみたいけれども一歩踏み出せない、どこから始めて良いのかわからないという方に手軽な方法として届けば良いなと思っています。

島村華子

CONTENTS

PART 2

マインドフルネスって何だろう？ 49

PART 3

モンテッソーリ教育とマインドフルネスの共通点

PART 4

おうちでできるマインドフルネスとモンテッソーリ教育

boku wa…

PART 5

［ブックデザイン・イラスト］
小守いつみ
（HON DESIGN）

［編集］
林 聡子

PART 1

モンテッソーリ教育の考え方

1

モンテッソーリ教育とは

1907年にマリア・モンテッソーリ医師が、ローマに初めて「カサ・デ・バンビーニ（Casa dei Bambini）：子どもの家」を設立してから、モンテッソーリ教育は世界中に広まってきました。[1]

現在、モンテッソーリ教育は世界154カ国で取り入れられています。[2] **自立心を育み、子どもの内なる能力を引き出すことを大切にしながら、子どもの包括的な発達を促進する**というその教育理念は、従来の教育システムとは大きく異なり、オルタナティブ教育（非伝統的教育）[*1]の一つとして人気があります。

現在、モンテッソーリ教育に関わるいろいろな監督機関がありますが、マリア・モンテッソーリ医師自身によって設立された国際モンテッソーリ協会（Association Montessori Internationale: AMI）やアメリカで大きな影響力を持つアメリカ・モンテッソーリ協会（American Montessori Society: AMS）が中心となって、モンテッソーリ教育

の質保障や教師トレーニングを提供しています。

モンテッソーリ教育の重要な要素

モンテッソーリ教育が、なぜ従来の教育システムと異なるのか。子どもの見方から教師の役割まで、中心となる教育理念を見ていきましょう。

1 子どもの見方

モンテッソーリ教育が伝統的な教育システムと大きく異なる点は、その「子どものイメージ」と言えます。「子どものイメージ」とは、それぞれの社会や文化、大人、家庭、あるいは個人が子どもや子どもの能力をどのように捉えているかと

＊1　文科省が定めた学校外での教育のことを指す。

いうこと。

例えば、漫画やアニメ、本、ドラマや映画、ソーシャル・メディア、広告、おもちゃなど、子どもに対するイメージは、私たちの身の回りにあふれているものです。

「子どもとは？」と聞かれて、あなたならどんなイメージが浮かびますか？ 無《む》垢《く》で尊い、大切にされるべき存在、大人の言うことを聞くべき存在、家庭の労働力、うるさくて落ち着かない、未来の宝など。

こういったイメージは、私たちの生活に充満しているだけではなく、政策や教育システムに直接大きな影響を与えます。

歴史的に伝統的な教育システムは、子どもを「空っぽの器」「白紙の状態」と捉えてきました。子どもは特定の知識や能力を持たず、受動的な学習者であるからこそ、詰め込み式の教育によって子どもを形成していくのが学校の役割であるという考えです。

これに比べて、**モンテッソーリ教育は、子どもたちは生まれながら好奇心、学習欲、才能、自立心にあふれた存在であり、自ら知識を構築できる有能な学習者である**と捉えています。また、市民として社会、大きく言えば平和に貢献できるコミュニティーには欠かせない一員だと考えています。こういった考え方は、「平和教育」と呼ばれ、モンテッソーリ教育理念の土台となっています。

2 整えられた環境

子どもの学びを最大限に高めるために、「整えられた環境（prepared environment）」を用意することは、モンテッソーリ教育理念の最も重要な概念の一つです。

「整えられた環境」とは、注意深く準備された物理的・心理的空間のことです。

異年齢の子どもたちの発達に適応する感覚的教材、大人の手を借りずに子どもたちが自分で掃除や操作がしやすい子どもサイズの家具やアイテム（例：子ども用のモップ、ちりとり、机、椅子など）。

手足を伸ばしたり大きなプロジェクトができたりする自由に動き回れるスペース、ものの位置がすぐわかるように整理整頓された教室。

さらには子どもたちがミスを恐れずに挑戦しやすい心理的に安全な場所を提供するなど。

モンテッソーリの教室は、子どもたちが生まれながらに持つとされている秩序の感覚をサポートするように意図的にデザインされています。

教材の配置から毎日のルーティンに至るまで、環境のすべてが一貫した構造に従っており、子どもたちの探求心や自立心を満たすために大きな役割を果たしています。

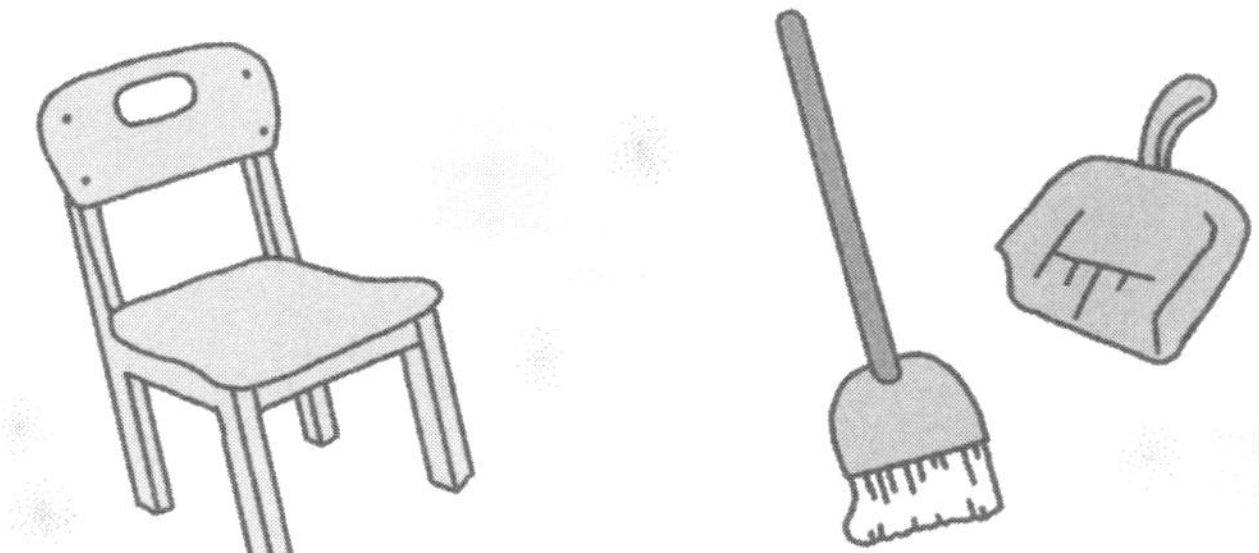

3 特別な教材

モンテッソーリの教具と呼ばれる教材は、子どもの興味を刺激し、発達を促し、具体的な体験ができるようにデザインされています。子どもたちが抽象的な概念を理解するために、教具に実際に触れることで、理解力と知識の定着につながります。

例えば、感覚教材のサウンドシリンダー（雑音筒）。聴覚能力を向上する教材です。6対の円柱が入っており、シリンダーを振ると小さな音から大きな音までするようになっています。子どもは、シリンダーを振って音の強弱を比べてペアを探します。

そのほかにも、世界地図パズル。大陸ごとに分かれていて、各国が個別のピースになっています。ピー

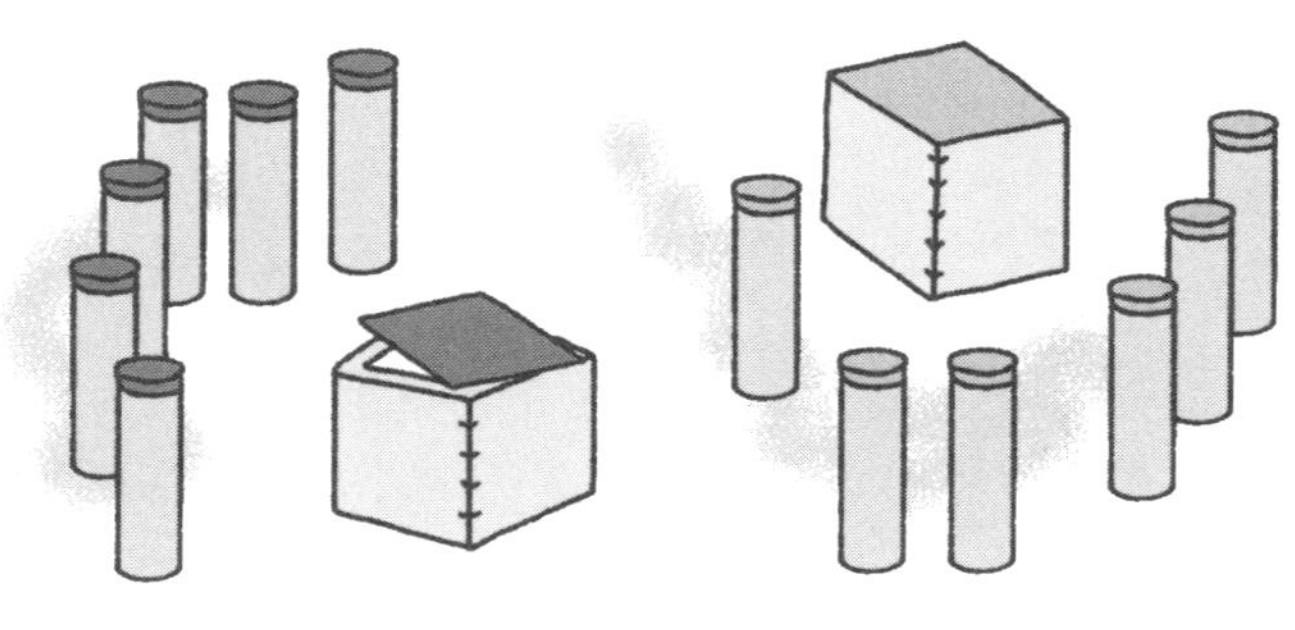

スをつかむ取手が、それぞれの首都を表しているなど、遊びながら感覚的そして触覚的に国の形や所在地を学べます。

また、モンテッソーリの教材は、子どもたちが自分で間違いを認識し、修正できるように導く仕組み「間違いの自己修正（Control of error）」が最初から組み込まれています。[3]

例えば、サウンドシリンダー。違うペアを選んだ場合、音の違いが聞こえるようになっています。世界地図パズルも、国の場所を間違えれば、ピースはうまくはまりません。**こういった意図的な自己修正機能によって、子どもたちは自分で間違いを見つけ、解決策を模索しながら自主的に学習に取り組むことができる**ようになっていきます。

4 自己主導型学習

モンテッソーリ教育において、子どもたちが当事者となって、そのニーズや興味に合わせて学びを進めていく自己主導型学習は、非常に重要な概念です。子どもたちは、自分が熱中するテーマや教材を選び、大人の手を借りながら、自分のペースで学びを進めていきます。

特に、年長や小学校になってくると、学びは教具を超え、プロジェクトラーニング（課題解決型学習）に自然と取り組む子どもが多くなってきます。例えば、かぶと虫に興味を持っているとしたら、すみか、食べ物など、その生態を調べ、要点を理解し、冊子にまとめるなど。

一つのテーマにいろいろな学びの要素がつまっています。調べるための、読解力。要点を理解しまとめる分析力と文章力。冊子にまとめる創造力。そして、子どもたちが興味のある限り、自分の選んだテーマを追究する自由があります。

このように**自分が興味を持っていることを選び、とことん探求できる時間と空間があることで、子どもたちの自立心が育つほか、自分の学びにも積極的に取り組むようになります。**モンテッソーリ教育では、子どもたち一人ひとりの強みを認識し、そのニーズ、学習スピードや興味に合わせた学習環境を用意することで、自立した学習者を育んでいきます。

5 縦割り式

モンテッソーリ教育における縦割り教育は、異なる年齢の子どもたちが同じ教室で学ぶことを意味します。

通常、3歳～6歳、6歳～9歳など、3学年を含みます。

縦割りの教室は現実社会の縮図であり、異年齢の個人が共存してお互いに学ぶ機会を与えてくれます。年上の子どもたちは、リーダーとしてクラスのお手本となる役割を果たし、年下の子どもたちは憧れの年上の子どもたちから学ぶことができます。

このピア・ラーニングと言われる協働学習によって、自分の言葉で説明する機会も増え、理解がより深まり学びの質が高まります。また、仲間と一緒に学ぶことで、コミュニケーションスキルや問題解決能力も育まれます。

縦割り教育のほかの利点は、不必要な競争が軽減されることです。

能力も年齢も違う個人がそれぞれのペースで学びを進める環境にいることで、多様な視点、能力、背景を認識し、受け入れられるような柔軟性やオープンマインドを持つようになります。子どもたちは異なる意見を尊重しながら、他者との競争という視点から解放され、より個人の成長に集中することができるのです。

6 教師の役割

モンテッソーリ教師の大切な役割の一つは、「整えられた環境」を用意することです。**子どもたちの興味やニーズに合わせて、環境を調整し、自立した学習をサポートします。**

このために観察は欠かせません。それぞれの子どもの興味や進歩を注意深く観察し、その発達段階に合わせた教材やアクティビティに学びのファシリテーター（学びを支援する伴走者）として子どもたちを導くのです。

モンテッソーリ教師のもう一つの重要な役割は、自己変革です。**これは、自分の中にある可能性や課題を探り、個人的な成長へ積極的に取り組むことを意味します。**

自分のあり方、考え方、行動に深く向き合うことで自己認識を高めることは、マインドフル（心を込めて）に子どもたちと接する上で非常に重要です。自己認識は、自分自身の感情の起伏や引き金、状況反応を意識するのに役立ちます。

怒りやフラストレーションに引きずられて、感情的に子どもたちに反応する代わりに、まずは自分の感情反応を理解することで、冷静にさらに温かさを持って子どもたちのニーズにも応えることを可能にするのです。

よくあるモンテッソーリ教育の誤解

世間でもある程度の知名度を得てきているモンテッソーリ教育ではありますが、不随する誤解はたくさんあります。

モンテッソーリ教育をよりよく理解するためにも、代表的な誤解5点を紹介します。

1 高額な費用とエリート主義

モンテッソーリ教育に関する最も広く広まっている誤解は、学費が高額で、富裕層のみに向けた教育であるというもの。しかし、実際は通常の保育園とモンテッソーリ保育園の間の学費に大きな差はありません。

例えば、カナダの大都市トロントで月の保育園にかかる中央値は、2021年度で約13万9000円なのに対して、同市内モンテッソーリ保育園9校の中央値は約13万8000円とほぼ変わりません。確かに日本に比べると保育園の費用は極めて高額ですが、特に北米では公立や非営利のモンテッソーリの学校も多く存在し、裕福な家庭向けだけに作られた教育方法ではありません。

2 子ども主導の学習で大人は関与しない

モンテッソーリ教育は、子どもたちが自分の好きな遊びを選び、興味に従って学ぶことができるというイメージが強いです。前のページでも触れましたが、もちろん自主的学習はモンテッソーリ教育の原則です。しかし、子どもたちを放任して、学びのすべてを子どもの手にゆだねるというわけではありません。先生も学習をサポートするファシリテーターとして積極的に関わっていきます。

また、モンテッソーリ教育は、3〜6歳の幼児を対象にしたところが多いため、年齢的にも子どもたちはまだまだガイダンスが必要です。先生は、子どもの興味・スキルを注意深く観察し、その子に合ったアクティビティを提案するなど、一人ひとりにあったカリキュラムを設計し、子どもの学びに寄り添います。

3 規律の不足vs自由の不足

モンテッソーリの教室は、子どもたちが自分でしたいことを個人のタイミングで選ぶことができるため、規律が欠けていると考える人もいます。しかし実際には、モンテッソーリの教室はルールがきちんと確立されており、必要な制約のもと秩序が保たれています。

この制約の一つが、個人と周囲に配慮した思いやりのある行動です。自分勝手な行動で周囲の人間や環境（例：教室自体や教具）を傷つける行動、あるいは子ども本人にとって建設的でない行動があれば、先生が介入し、方向修正をします。

また、アクティビティにおいても、先生が子どもにとって適切だと判断したものを選びお手本を見せ、子どもたちはその中から選ぶという意味で制約があり、何でも好きに子どもの意思だけで学びが進むわけでもありません。教材も一つひとつ目的別に用途が決まっているため、子どもたちは自由自在に使えません。

こういった制限があるために、モンテッソーリ教育は非常に厳格で「自由遊び」が足りず想像力を養わないという批判もあります。つまり、モンテッソーリ教育のどのポイントに注目するかによって、モンテッソーリ教育が自由なのか、あるいは厳格なのか、判断が変わってくるのです。(5)

4 従来の学校教育へ不適応

モンテッソーリの学校では、従来の教育システムに存在するようなテストや評価がないほか、自己学習ならびに協働学習が中心のため、子どもがモンテッソーリでない学校に進学した際に適応しにくいという批判があります。

確かに責任を持って自分の学習を進めていった子どもにとって、従来の学校に移った際に、テストで評価が決まる、言われたことだけをやる、自分のペースで進めないということに最初はむずかしさを覚えることもあります。

しかし、モンテッソーリ教育の長期的な影響を調査した研究によると、モンテッソーリ教育を受けた子どもたちは大人になってからも、暗記ではなく分析・理解・議論をして学ぶことの大切さを重んじていたり、自分の情報収集能力に自信があったり、自己学習ならびに協働学習により価値を置いたりするなど、生涯学習に必要なスキルを身につけているケースが多いことがわかっています。

子どもたちが学校に行くそもそもの目的は、ただテストで高得点を取ったり、先生から高評価を得たりすることではありません。**仲間との関わりを通して、自分のやりたいこと・得意なことを見つけ、それを追求するために必要なスキルを身につける。そのために多種多様な価値観・学びの分野を提供し、子どもの世界観を広げる手助けをするのが教育のそもそもの目的です。**

教育の本来の意味を考えると、従来の教育システムに子どもを合わせることにこそ、私たちは矛盾を感じるべきでしょう。

5 天才教育

アップルの創業者スティーブ・ジョブズ、アマゾンの創業者ジェフ・ベゾス、グーグルの共同創業者セルゲイ・ブリンとラリー・ペイジ、藤井聡太名人など、著名人がモンテッソーリ教育を受けたということもあり、モンテッソーリ教育＝「天才教育」といったイメージが少なからずあります。

しかし、**モンテッソーリ教育は、天才を育てる教育でも、エリートを育てる教育でも、受験のための教育でもありません。**

「教育（education）」は、ラテン語でそもそも「引き出す」という意味があります。子どもが本来持っている才能を引き出し、一人ひとりが自分の強みを生かしながら、自分の社会でのあり方を見つけていく。そんな市民としての土台作りのお手伝いをするのが、モンテッソーリ教育です。

子どもたちは皆生まれながらに科学者であり、探求心を持っています。その興味の種を、型にはまった「良い学校、良い仕事」のためにと社会や大人が摘み取ってしまうことなく、目いっぱい芽を伸ばせる環境を作るのがモンテッソーリ教育の本来の姿なのです。

6 社交性が育たない

個別の学びが強調されることも多いため、子どもたち同士の交流が少なく、社交性が育たないのではと心配する声もよくあります。確かに、モンテッソーリの教室では、子どもたちが個別にアクティビティに没頭している様子がよく観察されます。

これは発達上ごく普通のことであり、特に3歳前後の幼い子どもたちは独り遊びをしたり、同じ空間にいてもそれぞれ別のことをして遊んだりすることがよくあります。[7] 子どもたちの年齢が上がるにつれて、お友達と一緒に遊ぶことも多くなり、自分のためだけでなく周りのために動く子どもも増えます。

例えば、３歳の子どもが自分の興味からバナナを切って食べるの対して、５歳の子どもはお腹がすいたお友達のためにバナナを切って用意するなど。**モンテッソーリ教育は個人の学びはもちろんのこと、周囲とのやり取りから得る学びも重視していて、子どもたちの社会的な関わりをサポートしています。**

モンテッソーリ教育の効果を調査した最近の研究[8]でも、モンテッソーリ保育園に３年通った子どもの方が、従来の保育園に通った子どもに比べて、相手の立場にたって物事を考える力に優れていたことがわかっています。このように社会的スキルの発達とモンテッソーリ教育の強い関連性が注目されています。

モンテッソーリ教育の効果　～研究結果より

モンテッソーリ教育の効果を調査した研究は数少ないですが、そのほとんどは北米で実施されています。

モンテッソーリ教育に通った後の長期的な影響から、モンテッソーリ教育在学中にソフトスキルや学力を調べた研究までさまざまですが、カリキュラムの効果を検証するのは非常に困難で、モンテッソーリ教育を調べた研究も例外ではありません。(9)

▩第一に

カリキュラムの効果を調べる時に、臨床研究では一般的な無作為化比較試験（ＲＣＴ）を用いることが難しいということです。ＲＣＴとは、例えばモンテッソーリ教育に通う子どもとそうでない子どもをランダムにグループ分けして、その違いを比較するというものです。子どもたちの家庭環境や年齢、ＩＱなど、背景因子をできるだけ一致させる方法です。

しかし、実際のところ、親御さんの多くは子どもの教育のために意図的に学校を選んでいる場合が多く、無作為に学校を振り分けるＲＣＴは強要できません。特にモンテッソーリ教育などのオルタナティブ教育を選ぶご家庭の場合、子育て方法やその最終的ゴールなど、従来の教育を選ぶ親御さんとそもそも違っている可能性が高く、例えば研究でモンテッソーリ教育に通う子どもたちの方が特定の部分で優れているという結果が出たとしても、家庭の影響による違いは否定できません。

▩第二に

モンテッソーリ教育の研究に含まれる子どもたちは、白人層や社会経済的地位(Socio-economic Status：SES)が比較的高い家庭の割合が高く、ダイバーシティ（多様性）に欠けるケースが多いということです。このため、研究結果は特定の人種や家庭環境に偏り、一般化しづらいのです。

さらには、SESと子どもの発達（例：問題行動、学力、精神衛生）には大きな関連性があり、SESが高い家庭の子どもたちに有利な状況があることがわかっています[10]。

このため、RCT欠落と同じ問題にはなりますが、モンテッソーリ教育が従来の教育よりも有益であるという研究結果があったとしても、それは教育方法の効果ではなく、家庭環境を反映している可能性があります。

■第三に

すべての学校がモンテッソーリ教育の方針に忠実に従っているわけではないため、質に大きな差があるということです。

「モンテッソーリ」という名前自体、商標登録されているわけではないため、地域や組織によってモンテッソーリ教師のトレーニングから実践方法にまで、ばらつきがあるのが現実です[11]。

このため、研究によっては、対象となるモンテッソーリ教育の実践方法や質が一貫していないため、その結果の信憑性《しんぴょうせい》に欠ける場合があります。

実際に、モンテッソーリ教育方針を忠実に実践している学校に通った子どもたちの方が、そのほかのモンテッソーリ教育風の学校（モンテッソーリ教育＋別の教育方法や教材を導入）やいわゆる一般的な学校に通った子どもたちに比べて、入学後一年たった時に、社会的スキルや学力の伸び率が高かったことがわかっています[12]。

この研究では、ＲＴＣの要素は欠けており、子育て方法など家庭環境の違いが結果に貢献した可能性は否定できません。しかし、親の学歴やＳＥＳなどの背景因子は各グループで一致しており、モンテッソーリ教育実践の質が子どもたちの成長を左右する可能性を示唆しています。

ＲＴＣの要素や質の高いモンテッソーリ教育を提供する学校のみを取り入れて、これらの問題払拭《ふっしょく》に努めた研究がアメリカで実施されました[13]。

学校地区の無作為のくじ引きで、モンテッソーリ園とそうでない園に振り分けられた112人の5〜12歳の子どもたちを比較しました。もともとモンテッソーリ教育を選んだ家庭をランダムに振り分けたことで、SESや親による背景因子をできるだけ一致させました。

結果、モンテッソーリ園に通った5歳児の方が、モンテッソーリ以外の学校に通った子どもたちに比べて、読解力や算数の学力、自己調整能力[*2]の一種である認知的柔軟性（変化に対する適応性）、社交性、他者目線の理解力が高いことがわかりました。

また、モンテッソーリ園に通った12歳の子どもたちと、モンテッソーリ以外の学校に通った子どもたちを比べたところ、クリエーティブ・ライティング力（創造力を使って物語を書くこと）やいざこざに対する問題解決能力が高かったほか、コミュニティー感覚（クラスメートとのつながりに対するポジティブな意識や態度）がより強いこともわかりました。

2017年に実施された似たような研究[15]でも、モンテッソーリ教育のポジティ

ブな影響が報告されています。

141人の人種もさまざまな子どもたちが3歳時に、コンピューターによる無作為のくじ引きによって、モンテッソーリの公立保育園かそうでない園に振り分けられました。

研究に含まれたモンテッソーリの2つの園は、働く教員全員が国際モンテッソーリ協会（AMI）の教員免許を取得しているほか、伝統的なモンテッソーリ教育を忠実に提供しているAMI認定校でした。

この研究では、3年間、同じ子どもたちを4回にわたって調査しました。結果、3歳始めのテストで差はありませんでしたが、時間の経過とともに、モンテッソーリ教育を受けた子どもたちは、モンテッソーリ教育以外の学校に通った子どもたちに比べて、学力、他者目線の理解度、グロースマイ

＊2　自分の欲求や意思に基づいて、自発的に自分の行動や感情をコントロールする能力。(14)

ンドセット（しなやかマインドセット）[3]がより高いほか、学校での勉強をより楽しんでいることがわかりました。

この研究の画期的なところは、モンテッソーリ教育が学力格差に与える効果を調べた点です。モンテッソーリ教育を受けた低所得家庭の子どもたちは、モンテッソーリ以外の学校に通った低所得家庭の子どもたちと比べて著しく学力が向上しました。

モンテッソーリ教育を受けた子どもたちだけを対象に調べたところ、高所得と低所得家庭の子どもたちの間に最初にあった学力の差は、研究終了時には3分の2まで縮まりました。

これに比べて、モンテッソーリ以外の学校に通ったグループでは、高所得家庭の子どもたちが、低所得家庭の子どもたちを学力で圧倒し、その格差は縮まりませんでした。

また、モンテッソーリ教育を受けた低所得家庭の子どもたちは、3年間たった後、モンテッソーリ教育とそうでない教育をうけた双方の高所得家庭の子どもたちと比べても学力に差がありませんでした。

こういった研究結果は、モンテッソーリ教育が経済的に不利な立場に生まれた子どもたちをサポートできる可能性を示唆している点でも、非常に興味深いものです。

このようにモンテッソーリ教育が学力に与える影響はもちろんですが、そもそもの目的は包括的な人間を育てることです。

深い集中力、心と体を一致させること、実生活に役立つスキルを身につけること、自己認識を高める、社会的スキルを担って協働するなど、モンテッソーリ教育が大切にしている価値観とマインドフルネスには共通点が多くあります。

＊3 困難に直面したときにも、成果よりも、能力やスキルの向上や追求に焦点を当てた考え方・態度のこと。

参考資料

1) Whitescarver, K. & Cossentino, J. (2008). Montessori and the mainstream: A century of reform on the margins. *Teachers College Record*, 110(12), 2571-2600.

2,11) Debs, M. C., de Brouwer, J., Murray, A. K., Lawrence, L., Tyne, M., & von der Wehl, C. (2022).Global Diffusion of Montessori Schools: A Report from the 2022 Global Montessori Census. *Journal of Montessori Research*, 3rd edition, 8(2), 1-15.

3) Lillard, A. S. (2017). *Montessori: The science behind the genius*. Oxford University Press.

4) Macdonald, D., & Friendly, M. (2022). *Game changer: Will provinces and territories meet the new federal child care fee targets? Canadian child care fees 2021*. Ottawa: Canadian Centre for Policy Alternatives.

5) Lillard, A. S. (2013). Playful learning and Montessori education. *Namta Journal*, 38(2), 137-174.

6) Glenn, C. M. (2003). *The Longitudinal Assessment Study (LAS): Eighteen Year Follow-Up. Final report*

7) Parten, M. B. (1932). Social participation among pre-school children. *The Journal of Abnormal and Social Psychology*, 27(3), 243–269.

8,15) Lillard, A. S., Heise, M. J., Richey, E. M., Tong, X., Hart, A., & Bray, P. M. (2017). Montessori preschool elevates and equalizes child outcomes: A longitudinal study. *Frontiers in psychology*, 8, 1783.

9) Marshall, C. (2017). Montessori education: A review of the evidence base. *npj Science of Learning*, 2(1), 11.

10) Letourneau, N. L., Duffett-Leger, L., Levac, L., Watson, B., & Young-Morris, C. (2013). Socioeconomic status and child development: A meta-analysis. *Journal of Emotional and Behavioral Disorders*, 21(3), 211-224.

12) Lillard, A. S. (2012). Preschool children's development in classic Montessori, supplemented Montessori, and conventional programs. *Journal of school psychology*, 50(3), 379-401.

13) Lillard, A., & Else-Quest, N. (2006). Evaluating Montessori education. *science*, 313(5795), 1893-1894.

14) Blair, C., & Diamond, A. (2008). Biological processes in prevention and intervention: The promotion of self-regulation as a means of preventing school failure. *Development and psychopathology*, 20(3), 899-911.

PART 2

マインドフルネスって何だろう?

2

マインドフルネスとは

マインドフルネスの起源は仏教哲学ですが、臨床心理学の世界では、宗教的志向から離れ、より親しみやすいフォームに変化してきました。**マインドフルネスとは、「現在起こっていることに注意を払い、それに気づいている状態」**(1)**のこと**を指します。

よくある誤解ですが、**マインドフルネスは心や感情を空っぽにするのではなく、興味を持って自分の今の心や体の状態への気づきを高めるということ**です。マインドフルネスの状態は、今この瞬間に起こっていることを客観視し、批判的な目を持たないことで、否定的な感情や衝動に対する耐性が高まると言われています。(2)

また、マインドフルネスによってオープンな気づきが培われることで、私たちは自分自身の奥に潜んでいるニーズに耳を傾けることができます。(3) 自分のニーズを満たしてあげるために、どうしたら良いのか。自分の内なる世界により注意を向けることで、最終的には自分の意識や行動をコントロールすることにもつながり、自己調整能力の発達にも役立つとされています。[4]

これに比べて、マインドフルネスの反対の状態のことをマインドレスネスと言い、無意識の行動や思考のパターンによって、「今」の瞬間に起こっている考えや感情に意識がいかないことを指します。

例えば、無意識の行動は、車の運転や意識しなくても通勤時に同じ電車のホームに行きつくなど。また、私たちの思考もパターン化しやすく、だれかに対しても「この人はこういう人だ」という思い込みにつながります。

このように考えなくしても行動できてしまったり、特定の思考パターンを持ったりすると、楽ではありますが、周りに起こっていることや目の前の人の変化に気づいていない可能性があるのです。過去や未来にとらわれて心配をしすぎることも、目の前の出来事に集中できない原因となり得ます。[5]

マインドフルネスの実践方法

マインドフルネスの実践方法には、瞑想、ヨガ、ボディースキャン（体の感覚に意識を向けること）、呼吸法などフォーマルなものと、シャワーを浴びる・食べる・ほかの人とおしゃべりする・ウオーキングなど、カジュアルなものまで、その形態はさまざまです。[6]

子ども向けのマインドフルネス実践方法としては、子どもたちの比較的短い集中力を考慮して、ヨガやウオーキング、アート、簡単な呼吸法など、体を動かすアクティビティが多いのが特徴的です。

マインドフルネスを取り入れたプログラムの効果

ここ数十年間、学校生活の指示に従えない、授業に集中できない、上手にコミュニケーションが取れないなど、小学校に上がってくる子どもたちが自分たちの行動や感情調整ができないことが問題視されています[7]。

幼稚園が終わるまでに、約35％の子どもたちに、こういった自己調整力の遅れが見られると言われています[8]。自己調整力欠如は、子どもたちの学習だけでなく、仲間との関係性にも影響を与えるため、学校生活の質全体にも関わってきます。

こういった背景を受けて、教育に本当に必要なものとして、学力だけではなく、行動や感情調整の役をつかさどる社会情動的スキル（Social-emotional skills）の重要さが注目されてきました。

社会情動的スキルとは、自己認識や自己制御、責任ある決断力、周囲への気づきを含む社会的認識力や対人スキルのことを指し、良好な人間関係を築いたり、

逆境を乗り越えたりするためには不可欠です。つまり、テストに備えるためではなく、子どもたちが人生を航海して行くために必要なスキル、「生きる力」と言えます。

実際に、この社会情動的スキルをターゲットにした学校でのプログラム（5～18歳対象）の効果を総合的に見てみると、平均で学力は11%、社会情動的スキルは25%向上、また教室内での非行、不安や鬱《うつ》の傾向が10%も低下しています。(9)

この社会情動的スキルの発達に効果的だとされるのが、マインドフルネスです。マインドフルネスの実践を通して意識的かつ持続的に自分の注意を調整することで、思考や感情、さらには行動への気づきを高めるとされ、(10)この20年間社会情動的スキルへの注目とともに欧米諸国では学校教育に盛んに取り入れられるようになりました。(11)

また、コロナ期間中に、ストレスや不安軽減、学力向上を目的に、マインドフルネスを取り入れたプログラムの需要が特に増え、私の住むカナダでも、今でも多くの学校で日常的にマインドフルネスが実践されています。

マインドフルネスの子どもへの効果

マインドフルネスは、自己調整力の向上に効果があることがわかっています。

例えば、韓国の3~5歳の子どもたち170人を対象に1年間マインドフルネスプログラム(集中力と穏やかな心を育むことを目的としたサマタ瞑想や、自分自身や他者に対する愛、思いやり、善意の気持ちを育むことに焦点を当てたメッタ瞑想を含む一日9つのアクティビティで構成されたマインドフルネスのプログラム)を実施したところ、日常的にマインドフルネスを実践した子どもたちの方が、マインドフルネスを習わなかった子どもたちよりも、自分の感情をより理解し、自分を落ち着かせることができるようになったほか、思いやりの行動が増えたことがわかりました。[12]

こういった自己調整力の向上は、社会経済的に恵まれない子どもたちにとって特に重要なスキルと言えます。ストレスの高さと自己調整力の低さは密な関係性にあり、一般的に社会経済的に恵まれない子どもたちの方が、IQを考慮したとしても、自己調整力が低い傾向にあります[13]。

貧困の中で育つ子どもは、家庭内の騒音、居住環境の不安定さ、家族の崩壊、親のストレスなど、物理的・精神的環境において、慢性的なストレス要因を経験する可能性が高く、自己調整能力をつかさどる脳領域の発達に影響を与えるためです[14]。

こういった社会経済的に恵まれない幼稚園の子どもたち218人を対象に行ったマインドフルネスの研究でも、一定の効果が見られました。ゲームや心を落ち着かせるアクティビティを含む6週間のマインドフルネスプログラムに参加した子どもたちは、通常通り過ごした子どもたちと比べて、心の安定、問題行動の軽減、注意力の向上が見られました[15]。

また、マインドフルネスは、学習に困難がある子どもたちにもポジティブな効果をもたらすことがわかっています。

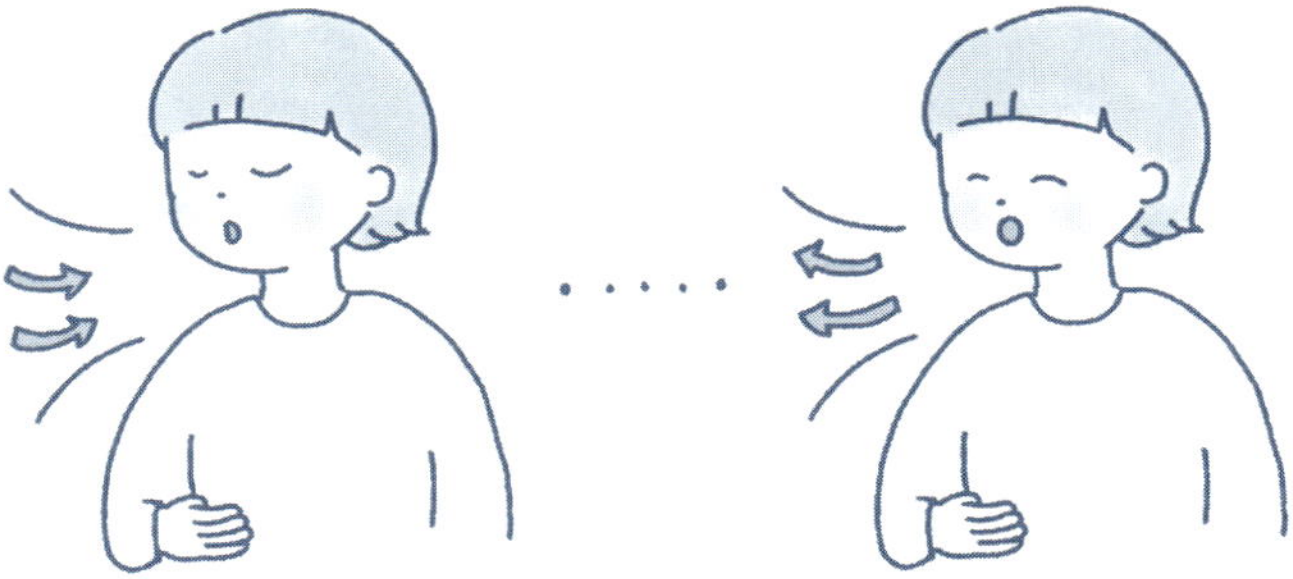

例えば、文章読解力が低いと診断された小学生の子どもたちに、12週間にわたるマインドフルネスのプログラムを実施したところ、集中力向上や不安の軽減、また問題行動（例：攻撃的な行動、ルールを守らないなど）の著しい改善が見られました。[16]

また、学習に困難がある思春期の子どもたちを対象にしたマインドフルネスプログラムでも同様、不安の軽減、社会性や学力の向上が見られました。[17]

勉強に対する不安、集中力の欠如、問題行動はネガティブな相互作用があり、長期にわたって子どもたちの学校生活に影響を与えることを考えると、マインドフルネスは負の連鎖を断ち切ってくれるアプローチとなり得ます。

マインドフルネスは、「自分には嫌なことよりも、良いことがきっと起こる」と考える楽観性や、「自分のことが好きだ」という健全な自己肯定感を育てる一面もあり、[18]**こういったポジティブなマインドセット自体が社会性や学力の向上にもつながること**が考えられます。

マインドフルネスの先生への効果

先生たちの抱えるストレスや燃え尽き症候群も見過ごしてはなりません。先生のストレスは、子どもへの対応方法や学習環境作りにまで、大きな影響を与えます。

文部科学省[19]が小中学校の教員およそ3万5000人を対象に行ったアンケートによると、国が定めた月45時間以上の残業をしている先生が、小学校で64・5%、中学校では77・1％に上ることがわかっています。

また同じアンケートによると、過労死ラインと言われる月80時間以上の残業をしている先生は、小学校で14・2％、中学校で36・6％もいることがわかりました。こういった長時間労働のほか、仕事量の多さ、生徒の問題行動の対処、親御さんへの対応、さらには新型コロナウイルス感染症による学校閉鎖やオンラインへのシフトなど、先生たちの疲労やストレス具合は計り知れません。

このように先生に求められることは非常に多いにも関わらず、先生たちへのサポート体制は整っていないのが現実です。そんな中、先生のストレスを軽減し、燃え尽き症候群予防のために、マインドフルネスの実践が注目されています。

例えば、小学校の先生18人を対象にマインドフルネスプログラムを実践したところ、鬱症状《うつしょうじょう》や不安、燃え尽き症候群が著しく減ったほか、セルフコンパッション度[*2]が高くなったことがわかりました。[(20)]

＊2　思いやりや受け入れの態度で、自分自身を大切に思うこと。[(21)]

このプログラムで、先生たちはボディースキャン、座った瞑想、歩きながらの瞑想、慈愛の瞑想、[*3]ヨガを習ったほか、日々教室内外で起きた出来事についてのグループディスカッション、マインドフルに相手の話を聴く練習などを8週間にかけて行いました。

先生たちへの直接的なポジティブな影響のほかにも、さまざまな良い影響がありました。

先生がマインドフルネスを実践することで、先生がより繊細に子どもたちのニーズに反応することで子どもたちとのつながりが強まるほか、(23)クラス全体の雰囲気が向上するなど、(24)間接的な好影響が報告されています。

このように、マインドフルネスの効果は、先生たち自身だけではなく、その教え方やクラスのあり方、そして子どもたちにも派生するポジティブなものと言えます。

育児ストレス

育児ストレスとは、子育ての過程で親が経験する心理的な圧力や、不安を指します。

子どもの成長や行動に関する悩み、経済的な負担、時間の制約、理想と現実の育児のギャップ、社会的支援の不足など、さまざまな要因が原因で生じます。

育児ストレスが高いほど、親御さんの心理的な幸福感が低くなったり、ネガティブな感情が増えたりするほか、(25)夫婦関係の質も低下するなど、(26)親の精神的健康に悪影響を及ぼすだけでなく、家族関係にも影響を与えることがわかっています。

また、育児ストレスは、厳しいしつけや子どもへの不快感や攻撃的な態度などのネガティブな育児行動の増加につながります。(27)さらには、こういった育児は、

＊3 メッタ瞑想とも呼ばれ、愛や優しさの気持ちを自分や他者に意識的に向けることで、慈しむ心を育てるための瞑想法。(22)

幼い子どもや思春期の子どもたちの行動や心の発達に悪影響が出ることも明らかになっています。[28]

子どもの有無で、大人の幸福状態にいかなる影響があるかを調べた研究で、面白い結果が出ています。[29]

例えば、手厚い社会的支援（例：家族からの支援、職場のサポート、子育て手当）を受けていたり、心身ともに通常発達とされる子ども（例：性格が温和で、身体的および感情的に健全）がいたりする場合や子どもが成長して巣立っていった場合は、子どものいる人の方が子どものいない人よりも幸福度が高い一方、気質の難しい子どもがいる、社会

的支援が欠如している、ひとり親、また子どもがまだ幼い場合、子どもがいない人に比べて、親の幸福度は低いことがわかっています。

残念ながら、日本では、保育所不足、フレキシブルな勤務体系が発展途上、核家族化の進行や地域社会とのつながりの希薄化、不十分な子育て手当などの問題により、子育て世代のストレスは非常に高く、日本社会全体の出生率低下にもつながっています。

マインドフルな子育て

こんな状況の中、マインドフルネスを育児に取り入れることで、親子のストレス軽減やポジティブな子育てにつながると注目を集めています。このマインドフルな子育てとは、**怒りやフラストレーションに任せて子どもの言動に単に反応するのではなく、今目の前にいる子どもとその瞬間を大切にしながら思いやりを持っ**

て対応するということです。

例えば、マインドフルネスを意識することによって、子どもの癇癪《かんしゃく》に対して自動的に怒りで応戦するというパターンを断ち切るのに役立つかもしれません。

マインドフルな子育てには、5つのポイントがあります。(30)

1 子どもの話に耳を傾ける

これは、子どもの気持ちや経験に全身全霊で耳を傾けるアクティブリスニング（傾聴）を意味します。

仕事や家事でやることも多く、忙しい日々を送る中、アクティブリスニングは簡単にできるものではありません。しかし、大人からしたら「何でもない」話であっても、子どもにとっては一大事なのです。

話を一生懸命に聴いてもらった経験は、子どもにとって自分の声には価値があ

ることを学ぶ大切な土台になります。

2 自分自身の感情を認識する

これは**自分の中に湧き出る感情や気持ちの変化を、読み取るということ**です。

喜び、悲しみ、怒り、イライラなど、この瞬間に自分がどういう気持ちでいるのかを自覚します。そして、そういった自分の感情が、いかに自分の行動や思考と連携しているのかを理解することも大切です。

また、感情の認識は、自分自身の感情を理解することだけでなく、子どもの感情に気づき、子どもの立場から理解しようと努めることも含まれます。

3 子どもと自分自身をありのままに受け入れる

これは、子どもや自分自身の感情を評価したり、決めつけたりせずに、状況に向き合うことを意味します。評価しないということは、**自分や子どもに対する非現実的な期待を手放すことでもあり、あるがままを受け入れるということ**です。

例えば、幼児がクレヨンで壁に落書きをしたとします。最初はすぐにイライラするかもしれませんが、そのイライラしている感情を持った自分を認識して、責めたりしないでください。

そして、なかなか難しいことではありますが、すぐに怒る代わりに、子どもがどうしてそうしたかったのかを理解することに意識を優先させます。ルールをきちんと理解していなかったかもしれませんし、あるいは大きなスペースで思いっきり描きたいものがあったのかもしれません。

また、幼い子どもがいつもルールを理解し、従うことを期待するのも非現実的です。間違いは成長の機会だと、大人が自分の許容範囲を広げるチャンスでもあります。

4 自己調整力を育む

マインドフルネスにおける自己調整力とは、**一時的な感情に任せて行動する代わりに、一呼吸おいてから行動を選ぶこと**を意味します。感情や衝動に振り回されるのではなく、それらをまず認識し、ありのままに受け止めた上で、それに基づいてバランスの取れた意図的な選択をするということです。

また、大人も自分の行動や感情をコントロールする練習をする姿を子どもに見せることで、子どもにとっても良いロールモデルとなります。

5 子どもと自分に思いやりの気持ちを向ける

子どもに思いやりの気持ちを向けるとは、**たとえ子どもの行動や考えに同意で**

きない場合でも、自分の経験と照らし合わせて共感を持ってその状況に接するように努めるという意味です。

行動を否定したり頭ごなしに怒ったりする前に、その行動に至った子どもの気持ちや理由にできる限りの範囲で想いをめぐらせるということです。大人も同じですが、子どもがその時その時でベストを尽くしていること、大人から見る「悪い行動」は子どもの発達の一部であることを心に留めておくことが大切です。

また、親御さんが自分自身に思いやりの気持ちを向けることも、マインドフルな子育てには欠かせません。子育ては正解のわからない大仕事であ

り、すべてのことが期待通りになるわけではありません。このままで良いのか、自分の接し方は合っているのか、不安になることも多々あります。**思ったように進まない時に、自責の念ではなくて、頑張っている自分を抱きしめるように優しさを持って自分自身と接することが必要**なのです。

マインドフルネスの親への効果

自分自身のあり方を振り返り、意識的に子どもに関わることが目的のマインドフルな子育て。直接的に呼吸法や瞑想をするだけでなく、自分の感情を意識することで、親御さんのストレスや衝動的な反応の減少につながるほか[31]、間接的に親子関係にも良い影響があります[32]。

また、非定型発達の子どもを持つ親ほど、定型発達の子どもの親に比べて、ストレスレベルが高いことは、先ほども紹介しましたが、マインドフルネスを取り入れることで、親御さんとその子どもにもポジティブな影響があることがわかっています。

例えば、8歳～19歳までの自閉スペクトラム症のある子どもを持つ45人の親を対象に、8週間のマインドフルネスプログラム（MYmind）*4(33)が実施されました。(34)

プログラム終了後1年たっても、親自身が心と体の健康やマインドフルネスな意識の向上、さらには子育てが改善したと報告しました。さらに子どもたち自身に、マインドフルな意識に大きな変化はなかったものの、対人関係におけるコミュニケーション問題は減少し、情緒・行動面にポジティブな変化があったと答えました。

メタ分析（複数の研究による分析結果の分析）でも、子どもが親と一緒にマインドフルネスのプログラムに参加するか否か、あるいはプログラムの長さにかかわらず、親御さんがマインドフルネスのトレーニングを受けることで、6歳～12歳の子どもたちの学力向上やストレス軽減に役立つことがわかっています。(35)

マインドフルな子育ての核心は、子ども時代の経験を尊重しながら、子どもの目を通して世界を見る時間をじっくりとること。

また、**親御さんが自分自身に思いやりを持つことで、自責の念や子どもに原因を求める負の連鎖を取り除く助けにもなります。**

親御さんの心身へのポジティブな影響が子どもや親子関係にも派生するなど、マインドフルネスを取り入れた子育てには希望があります。

＊4　自閉スペクトラム症（ＡＳＤ）に伴うチャレンジに特化したマインドフルネスのプログラム。マインドフルネス・エクササイズ（呼吸瞑想、ボディスキャン、感覚認識エクササイズ、音瞑想、ヨガなど）以外に、ストレスのかかる状況や状況変化における感情処理に焦点が当てられている。

参考資料

1, 5) Brown, K.W., & Ryan, R.M. (2003). The benefits of being present: mindfulness and its role in psychological well-being. *Journal of Personality and Social Psychology*, 84 (4):822-848.

2) Taylor, D. G., & Mireault, G. C. (2008). MINDFULNESS AND SELF-REGULATION: A COMPARISON OF LONG-TERM TO SHORT-TERM MEDITATORS. *Journal of Transpersonal Psychology*, 40(1).

3, 4) Deci, E.L., & Ryan, R.M. (2008). Self-determination theory: a macrotheory of human motivation, development, and health. *Canadian Psychology*, 49 (3):182-185.

6) Meiklejohn, J., Phillips, C., Freedman, M. L., Griffin, M. L., Biegel, G., Roach, A., ... & Saltzman, A. (2012). Integrating mindfulness training into K-12 education: Fostering the resilience of teachers and students. *Mindfulness*, 3, 291-307.

7) Rimm-Kaufman, S. E., Pianta, R. C., & Cox, M. J. (2000). Teachers' judgments of problems in the transition to kindergarten. *Early childhood research quarterly*, 15(2), 147-166.

8) Montroy, J. J., Bowles, R. P., Skibbe, L. E., McClelland, M. M., & Morrison, F. J. (2016). The development of self-regulation across early childhood. *Developmental psychology*, 52(11), 1744.

9) Durlak, J. A., Weissberg, R. P., Dymnicki, A. B., Taylor, R. D., & Schellinger, K. B. (2011). The impact of enhancing students' social and emotional learning: A meta-analysis of school-based universal interventions. *Child development*, 82(1), 405-432.

10) Jennings, P.A., Snowberg, K.E., Coccia, M.E., & Greenberg, M.T. (2011). Improving classroom learning environments by cultivating awareness and resilience in education (CARE): results of two pilot studies. *Journal of Classroom Interaction*, 46 (1):37-48.

11) Roeser, R. W., Greenberg, M. T., Frazier, T., Galla, B. M., Semenov, A. D., & Warren, M. T. (2023). Beyond all splits: Envisioning the next generation of science on mindfulness and compassion in schools for students. *Mindfulness*, 14(2), 239-254.

12) Kim, E., Jackman, M. M., Jo, S. H., Oh, J., Ko, S. Y., McPherson, C. L., ... & Singh, N. N. (2020). Effectiveness of the mindfulness-based OpenMind-Korea (OM-K) preschool program. *Mindfulness*, 11, 1062-1072.

13) Masten, A. S., Herbers, J. E., Desjardins, C. D., Cutuli, J. J., McCormick, C. M., Sapienza, J. K., ... & Zelazo, P. D. (2012). Executive function skills and school success in young children experiencing homelessness. *Educational Researcher*, 41(9), 375-384.

14) Johnson, S. B., Riis, J. L., & Noble, K. G. (2016). State of the art review: poverty and the developing brain. *Pediatrics*, 137(4).

15) Zelazo, P. D., Forston, J. L., Masten, A. S., & Carlson, S. M. (2018). Mindfulness plus reflection training: Effects on executive function in early childhood. *Frontiers in psychology*, 9, 208.

16) Semple, R. J., Lee, J., Rosa, D., & Miller, L. F. (2010). A randomized trial of mindfulness-based cognitive therapy for children: Promoting mindful attention to enhance social-emotional resiliency in children. *Journal of child and family studies*, 19, 218-229.

17) Beauchemin, J., Hutchins, T. L., & Patterson, F. (2008). Mindfulness meditation may lessen anxiety, promote social skills, and improve academic performance among adolescents with learning disabilities. *Complementary health practice review*, 13(1), 34-45.

18) Schonert-Reichl, K. A., & Lawlor, M. S. (2010). The effects of a mindfulness-based education program on pre-and early adolescents' well-being and social and emotional competence. *Mindfulness*, 1, 137-151.

19) 文部科学省初等中等教育局(2023).「教員勤務実態調査（令和4年度）の集計（速報値）について」(閲覧日：2023年9月20日).

20) Flook, L., Goldberg, S. B., Pinger, L., Bonus, K., & Davidson, R. J. (2013). Mindfulness for teachers: A pilot study to assess effects on stress, burnout, and teaching efficacy. *Mind, Brain, and Education*, 7(3), 182-195.

21) Shapiro, S., Rechtschaffen, D., & de Sousa, S. (2016). *Mindfulness training for teachers*. In K.A. Schonert-Reichl & R. W. Roeser (Eds.), Handbook of mindfulness in education:Integrating theory and research into practice (pp. 83-99). Mindfulness in Behavioural Health. Springer.

22) Fredrickson, B. L., Cohn, M. A., Coffey, K. A., Pek, J., & Finkel, S. M. (2008). Open hearts build lives: positive emotions, induced through loving-kindness meditation, build consequential personal resources. *Journal of personality and social psychology*, 95(5), 1045.

23) Jennings, P. A., Brown, J. L., Frank, J. L., Doyle, S., Oh, Y., Davis, R., ... & Greenberg, M. T. (2017). Impacts of the CARE for Teachers program on teachers' social and emotional competence and classroom interactions. *Journal of educational psychology*, 109(7), 1010.

24) DiCarlo, C. F., Meaux, A. B., & LaBiche, E. H. (2020). Exploring mindfulness for perceived teacher stress and classroom climate. *Early Childhood Education Journal*, 48(4), 485–496.

25) Deater-Deckard, K., Li, M., & Bell, M. A. (2016). Multifaceted emotion regulation, stress and affect in mothers of young children. *Cognition and Emotion*, 30(3), 444-457

26) Robinson, M., and Neece, C. L. (2015). Marital satisfaction, parental stress, and child behavior problems among parents of young children with developmental delays. J. Mental Health Res. *Intellect. Disabil.* 8, 23-46.

27) Venta, A., Velez, L., & Lau, J. (2016). The role of parental depressive symptoms in predicting dysfunctional discipline among parents at high-risk for child maltreatment. *Journal of child and family studies*, 25, 3076-3082.

28) Pinquart, M. (2017). Associations of parenting dimensions and styles with externalizing problems of children and adolescents: An updated meta-analysis. *Developmental psychology*, 53(5), 873.

29) Nelson, S. K., Kushlev, K., & Lyubomirsky, S. (2014). The pains and pleasures of parenting: When, why, and how is parenthood associated with more or less well-being? *Psychological bulletin*, 140(3), 846.

30) Duncan, L. G., Coatsworth, J. D., & Greenberg, M. T. (2009). A model of mindful parenting: Implications for parent–child relationships and prevention research. *Clinical child and family psychology review*, 12, 255-270.

31) Van der Oord, S., Bögels, S. M., & Peijnenburg, D. (2012). The effectiveness of mindfulness training for children with ADHD and mindful parenting for their parents. *Journal of child and family studies*, 21, 139-147.

32) Coatsworth JD, Duncan L, Greenberg M, et al. (2010) Changing parent's mindfulness, child management skills and relation- ship quality with their youth: results from a randomized pilot intervention trial. *Journal of Child and Family Studies*, 19: 203–217.

33) MYmind: Mindfulness training for youngsters with autism spectrum disorders and their parents. *Autism*, 19(8), 906-914.

34) Ridderinkhof, A., de Bruin, E. I., Blom, R., & Bögels, S. M. (2018). Mindfulness-based program for children with autism spectrum disorder and their parents: Direct and long-term improvements. *Mindfulness*, 9, 773-791.

35) Burgdorf, V., Szabó, M., & Abbott, M. J. (2019). The effect of mindfulness interventions for parents on parenting stress and youth psychological outcomes: A systematic review and meta-analysis. *Frontiers in psychology*, 10, 433825.

PART 3

モンテッソーリ教育とマインドフルネスの共通点

3

マリア・モンテッソーリ医師は直接的に「マインドフルネス」という言葉を使用していませんが、モンテッソーリの教えとマインドフルネスの考え方には共通点が多くあります。

例えば、**モンテッソーリ教育が重視する深い集中力、実践的な日常生活の体験、感覚を通じての心と体のつながり、受容的な環境、そして教師の自己内省などの要素は、自己の理解を深め、自己調整を促し、周囲との関係性を強化するという面で、マインドフルネスの実践と非常に親和性が高いもの**です。

PART 1と2でモンテッソーリ教育とマインドフルネスの基本について解説しましたが、本章では、これらの共通点に注目しながら、マインドフルネス実践の基盤がいかにモンテッソーリ教育に根付いているかを検討していきます。

マインドフルネスの実践とモンテッソーリ教育は、異なる文脈から生まれたものの、その考え方と応用において大きく分けて5つの共通点があります。

この2つのアプローチが、どのように相互に関連しているのかについて説明します。

深い集中力

マインドフルネスにおいて深い集中力は、ただの付随物ではなく、実践する上で中心的な要素です。

例えば、呼吸に集中する瞑想や、特定の対象に注意を向ける瞑想など、集中力を高めるために特別にデザインされている練習が多くあります。マインドフルネスにおいて、深い集中力はより深い意識や理解への道とされています。集中することで、自分の思考や感情、感覚に気づき、そういったものを勝手に批判・落胆せずに観察できるようになるのです。

また集中力は、心を訓練し、衝動的でなく意図的なものにする方法として、マインドフルネスでは重視されています。注意力を集中させる練習を定期的に行うことで、「今目の前の現状」に意識を向け、気を散らすものに惑わされにくくなります。さらに深い集中力は、ストレスを減らし、全体的な幸福感を高めることにもつながるとされています。

このように、**マインドフルネスにおける深い集中力は、単に注意を集中させるスキルだけではなく、自己に対するより深い理解、より明確な洞察力、感情的な安定、そして全体的な幸福感に密接に関連している大事なコンセプト**なのです。

モンテッソーリ教育でも深い集中力は、子どもの成長において欠かせません。マリア・モンテッソーリ医師自身、集中力こそ子どもの健全な発達の鍵であり、子どもが落ち着き、精神のバランスを保ち、よりポテンシャルを発揮できる状態になると考えていました。

人が完全にアクティビティに没頭し、周囲のことを忘れるほどの集中状態をフロー状態と呼びますが、モンテッソーリ教育では、このフロー状態が自然に促進されるような環境が用意されています[1]。

例えば、モンテッソーリ教育の大きな特徴の一つに、中断なしの保育時間があります（通常3時間）[2]。だれにも邪魔されない作業時間が確保されていることで、子どもたちは自分で選んだアクティビティに深く没頭でき、それによってフロー状態を経験する機会が増えるのです。

また、モンテッソーリの教師は、子どもが何かに深く集中している時、無駄に声をかけたりせず、邪魔をしないようにトレーニングを受けています。このように深い集中力が尊重され、守られている環境があることで、子どもの集中力がさらに高まるのです。

感覚と動きと心の関係

マインドフルネスのトレーニングでは、特に感覚的な体験に注意を払うことが大事にされています。

例えば、マインドフルネスの練習の一つに、レーズンなどを口にし、その食感や形、色、匂い、手に触れる感覚、温度など、すべての感覚を研ぎ澄まして味わう練習があります(3)。

この練習は、食事中にすべての感覚を働かせ、今この瞬間の気づきに意識を向けることで、食の楽しみが増えるほか、より健康的な食生活につながります。

ほかにも、猫の柔らかい毛の触感、花の香り、秋の落ち葉の色合いなど、日常にあふれるさまざまな感覚体験だけでなく、歩き方や座り方などの動きにも意識を向けることが大切にされています。

これらの体験に集中することにより、私たちは心と体の一体感を得ることができるのです。心と体のバランスが良い状態は、ストレスの軽減、心身の健康の維持に役立つほか、自分の感情や身体的な感覚に対する意識が高まります。

これにより、自己理解が深まり、より自己管理がしやすくなるのです。心と体がうまく連携し、バランスが取れている状態は、生活の質の向上につながり、全体的な幸福感や満足感にもつながります。

このように、**心と体のつながりは、単なる体の健康だけでなく、心の健康や生活の質全体に影響を及ぼす大切な要素**なのです。

感覚体験と動きは、モンテッソーリ教育の基礎です。

認知能力の育成につながるだけでなく、周囲の世界をよりよく理解できるようになると、モンテッソーリ医師自身も体や手を動かすこと、また感覚を使うことは子どもたちの発達と教育には不可欠であると考えていました。

例えば、「線上歩行（Walking on the line）」は、モンテッソーリ教育特有のアクティビティで、歩く瞑想に似ています。

子どものころに、道路上の白い線から落ちないように歩くのが、楽しかった記憶がある方も多いでしょう。あるいは、自分のお子さんが白い線の上だけを歩きたがることを経験した方も多いと思いま

す。

モンテッソーリの教室の床には、楕円のラインが貼ってあります。この線の上を、子どもたちは足を置く感覚に集中し、片方の足からもう片方の足へと体重を移動させながら、バランスよく歩くことを学ぶのです。ものが乗っているお盆を持ったり、頭の上にお手玉を置いたりしながら、この線の上を歩く練習をすることもあります。これには、集中力とコントロールが必要で、自分の動きに意識を高めるマインドフルネスの実践に似ています。

感覚体験のために、モンテッソーリの教室には五感を磨くさまざまな感覚教材も用意されています。

例えば、嗅覚筒と呼ばれる匂いを嗅ぐボトル、違う大きさの音が出るサウンドシリンダーなど。子どもたちは実体験を通して感覚を磨きながら、自身と環境に対する認識を深めて、鋭い気づきを養うのです。

モンテッソーリ教育における動きへの配慮は、子どもたちが自分の行動とそれが他人に与える影響を意識することを学ぶところにまで及びます。

「社交的なふるまい（Grace and Courtesy）」と呼ばれるレッスンですが、丁寧に動いたり（例：ドアを静かに開け閉めする、お盆を両手で持つ）、礼儀正しく話したり（例：挨拶や感謝の気持ちを伝える）、友達を助けたりする（例：困っている人に声をかける）など、日常生活におけるマナーを子どもたちと一緒に練習します。

マインドフルネスでも、自分の一つひとつの行動に気を配り、周囲への影響を理解するだけでなく、相手の気持ちや立場を考えることが強調されています。相手の身振り手振りや目配せなどの社会的な合図を認識し、日常のいろいろな場面で適切に振る舞うことは、社会性や共感力を育む上で非常に重要です。

このように、モンテッソーリの教室での子どもたちの行動は、できるだけ感覚や動き、さらには周りへの影響に注意を払いながらマインドフルに行われるのです。

日常生活にマインドフルネスを取り込む

禅の教えに「薪を割り、水を運ぶ」という言葉があります。

これは、日常生活のシンプルな作業や習慣でも、心をこめて行えば、瞑想やヨガといった直接的な実践だけでなく、マインドフルネスの実践になることを意味しています。目の前の作業を注意深く丁寧に行うことで、集中力が高まり、精神的な成長につながるのです。

モンテッソーリ教育でも、「日常生活の練習（Practical Life）」というアクティビティを通して、日常生活にマインドフルな心や動作を取り入れることに重きを置いています。

こぼさずにコップに水を注ぐ、靴を磨く、お花を生ける、机や窓を拭く、床を掃く、洗濯物をたたむ、食器を洗う、おやつを用意する（例：バナナやりんごを切る）など、子どもたちが家でも馴染みのある作業を繰り返し行います。

これらの作業は単なる家事ではなく、感覚や動きも巻き込みながら、子どもの自立心、協調性、集中力を養うために必要不可欠な学習体験なのです。

薪を割るのであれ、コップに水を注ぐのであれ、いずれもその瞬間に意識を集中させるという点で共通の意味合いを持っています。

モンテッソーリの教室にいる子どもたちは、例えば、水を乱暴に注げば水がこぼれることから、注意深く行動することを学びます。同様に、果物を切る際も指先に意識を集中させなければ、けがをするリスクがあります。これらの日常の作業を通じて、

子どもたちは細かい動作に注意を払うことを自然と覚えていくほか、子どもたちが集中力を高め、自己認識と自己調整の能力を育てるのにも役立ちます。

このように、モンテッソーリ教育における日常生活の練習は、単なる日常作業をこなす以上の意味があり、子どもたちの心と体の成長に重要な役割を果たしています。

ありのままを受け入れる

マインドフルネスは、**自分の経験や思考、気持ちに「善し悪し」といったレッテルを貼らずに観察し、ありのままに受け入れること**を目標にしています。

また、マインドフルネスは、今この瞬間に意識を集中させ、それがどのようなものであれ、そこから学ぶことを大切にしています。マインドフルネスを通じて「今」に集中することで、過去の失敗や将来の心配事に固執することなく、自分を解放してあげるのです。

ほかにも、周囲の人間に対してももちろんそうですが、自分自身に対して思いやりを育むことが、マインドフルネスの大事な要素です。

自分自身の過ちや欠点を思いやりを持って理解することで、自分の不完全さを受け入れ、失敗や挫折も人生の旅の一部として捉えることができるようになるのです。


モンテッソーリ教育でも、間違いや失敗は自然なことであり、学びの貴重な機会として捉えられています。PART 1でも触れたように、モンテッソーリ教育の教材の多くは、自己修正できるように設計されています。

例えば、100まで数えられる木製の数学学習ボード。子どもは10×10の升目にタイルを順番に並べ、足りない数字や間違った数字は順番が途切れることで、自分の間違いに自然に気づくようになっています。

このように子どもたちが間違いを犯すと、教材自体が修正へと導いてくれるようになっています。

大人の役割も、子どもたちがありのままを受け入れ、学びの一部としてミスを自主的に受け入れる助けになっています。**モンテッソーリ教師の役割は、間違いを指摘して批判することではなく、ファシリテーターとして子どもたちを導くことです。**

子どもが間違いに気づかない時は、教師は子どもの間違いを直接的に本人に指摘することなく、もう一度あるいは何度もやり方やコンセプトを紹介し、子どもが自ら学び修正できるようにします。この方法をとることで、子どもが大人から批判されていると感じて殻に閉じこもることを避け、自己修正や自主的な学習を促すのです。

モンテッソーリ教育では、一方的な外的評価や批判は子どもの自由を制限すると考えられているため、賞罰を用いない方針を採っています(4)。これにより、周囲の反応や怒られることへの恐れが少なくなり、子どもたちの内発的な動機づけが育まれるほか、失敗を恐れずに新しいことに挑戦するチャレンジ精神が養われるのです(5)。

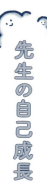

先生の自己成長

マインドフルネスの実践と同じように、モンテッソーリ教育のトレーニングでは、教師が自己の内面を深く見つめることが大きな基盤になっています。(6)

マリア・モンテッソーリ医師自身「教師は、自分自身を系統的に探索することによって、内面的に準備をしなければならない……、良い教師だからといって完全に欠点や弱点がないわけではないが、それらが何であるかを知っているべきである」(7)と著書で述べています。

自分自身のエゴや満たされない欲求に支配されずに子どもに向き合うためにも、教師が内省を通じて自分自身の内面を理解し、個人の成長に取り組むことが求められています。

マインドフルネスにおける自己内省もまた、自己認識を深めるための手段です。瞑想やほかのマインドフルネスの実践を通じて、自分自身の感情、思考パターン、行動についての深い理解を得ることで、自分を受け入れることにつながるのです。

注意深い観察力も、「良い教師」になるもっとも重要な資質だとモンテッソーリ教育では考えられています。[8] モンテッソーリ教育は個別のカリキュラムをそれぞれの子どもに用意する特性もあり、教師自身が子ども一人ひとりの発達段階やニーズをできるだけ正確に把握する必要があります。

このためにも、注意深い観察は不可欠です。私自身、モンテッソーリ教師のトレーニングを受け始めたころ、現地の水族館に行って一種類の生き物を選んで3時間永遠と観察ノートを書く課題に苦戦したことをよく覚えています。

マインドフルネスでも、自分自身の内面的な状態や周囲の環境をよりよく理解するためにも、意

識的かつ客観的に注意深い観察を行うことが求められます。

モンテッソーリ教師だけでなく、すべての教師にとってですが、子ども一人ひとりの経験や視点に共感し、理解することも大切な仕事の一つです。この共感とは、**教師が自分の決めつけや価値観をいったん横に置いて、子どもたちが感じている気持ちを、自分のものとして感じ取り、それに対して感情的なサポートをすることを意味します。**

モンテッソーリ教育では、通常子どもたちは同じ先生と3年間を過ごします。この間に、お互いに成長しながら、互いへの理解やつながりをより深めていくのです。一方、マインドフルネス実践においても、他者の気持ちや経験に対する共感は欠かせません。まずは自己の感情や思考を深く理解し、自身の内面に気づくことで、他者の感情や状況に対する感受性も高まり、最終的には互いの関係性も深まります。

このようにマインドフルネスの実践とモンテッソーリ教育において、自己理解と共感が相互理解に与える影響は非常に重要視されているのです。

参考資料

1) Rathunde, K. (2015). Creating a Context for Flow: The Importance of Personal Insight and Experience. *NAMTA Journal*, 40(3), 15-27.

2) Lillard, A. S., & McHugh, V. (2019). Authentic Montessori: The Dottoressa's View at the End of Her Life Part I: The Environment. *Journal of Montessori Research*, 5(1), 1-18.

3) Kabat-Zinn, J. (1990). *Full catastrophe living*. Delta.

4) Marshall, C. (2017). Montessori education: A review of the evidence base. *npj Science of Learning*, 2(1), 11.

5) Deci, E. L., & Ryan, R. M. (2012). Self-determination theory. *Handbook of theories of social psychology*, 1(20), 416-436.

6) Lillard, A. S. (2011). Mindfulness practices in education: Montessori's approach. *Mindfulness*, 2, 78-85.

7) Montessori, M. (1966). *The secret of childhood*. Fides Publishers.

8) Montessori, M. (2014). *Spontaneous activity in education*. Montessori Helper.

PART 4

おうちでできる マインドフルネスと モンテッソーリ教育

4

子どもと有意義な時間を過ごす大切さ

子どもにとって親御さんと過ごす時間は、愛されていることを実感する幸せの源です。

次の質問にあなた自身はどう答えますか？　そしてあなたのお子さんはどう答えると思いますか？

「子どものころ、あなたの親はどれだけあなたに愛情を注いでくれていたと感じますか？」

「子どものころ、あなたの親はあなたの悩みをどの程度、理解してくれましたか？」

「必要な時、あなたの親は、あなたにどれくらいの時間や関心を向けてくれまし

たか？」

子ども時代を振り返った時に、親御さんがたくさん愛情を注いでくれた、悩みを理解してくれようとしていた、時間をかけてくれた、関心を向けてくれたと感じている人ほど、人生の満足度、自己受容、自律性、豊かな人間関係、社会的な交流の充実度が高いことがわかっています。(1)

この章では、子どもとの良好な関係を築くため、また親自身が自己を大切にするために、子どもと質の高い時間を過ごし、一緒に楽しむことができるマインドフルネスを取り入れたアクティビティを紹介します。

おうちでできるアクティビティ

マインドフルネスに焦点を当てたアクティビティ

マインドフルネスに焦点を当てたアクティビティは、「今」の瞬間に集中し、感謝の気持ちや自己認識を育むこと、心身のリラクセーションを促進することに重点を置いています。

親子で一緒に行うことで、親御さんも一度立ち止まり、深呼吸する助けになります。

深呼吸

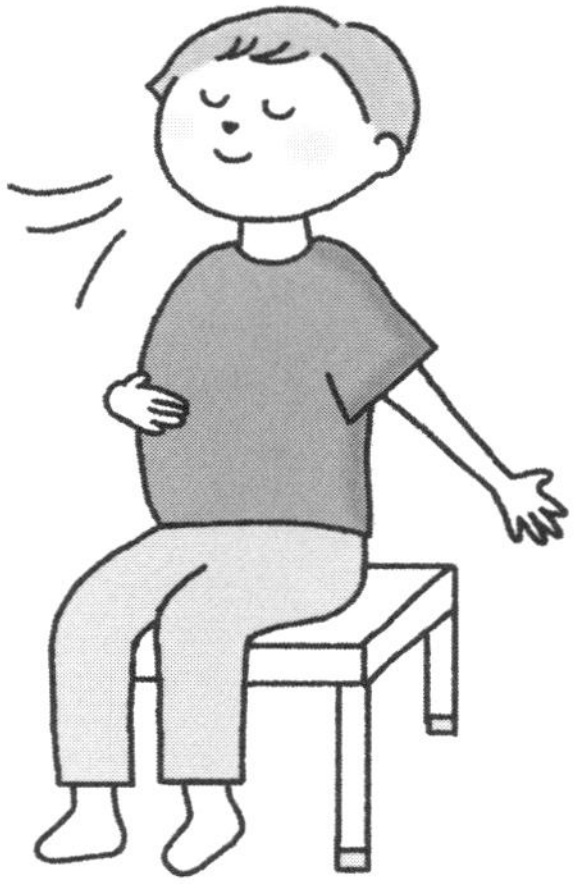

年齢
3～12歳

目的
1 体をリラックスさせる
2 集中力を高める
3 体への感謝を育む

必要なもの
なし

いつ
朝起きた時、ストレスを感じた時、宿題の前、寝る前

やり方

1 子どもと並んで、あぐらをかいて座るか、椅子に座る。背筋をまっすぐにする。

2 お腹に片手を置く。やりやすければ目を閉じる。

3 心の中で2秒数えながら、鼻からゆっくり深く息を吸い、お腹が膨らむのを感じる。

4 息を1〜2秒止めて、ゆっくり口から息を吐く。この時にお腹がしぼむことに意識を向ける。

一緒に深呼吸して、リラックスしてみよう。

お腹に片手をこうやって置いてみよう。

ゆっくりと鼻から深く息を吸ってみて。お腹が風船みたいに膨らむのがわかるかな？

今度は口からゆっくり息を吐いて、お腹の風船がしぼむのを感じてみよう。

5 この方法で呼吸を何回か繰り返す。

6 終わった後に、どう感じたかを子どもとともに話す。

お腹が上がったり下がったりするね。

深呼吸をしてみて、何か気づいたことはあった？ リラックスできたかな？ 緊張している時や、イライラした時に、また一緒にやってみようか。

バリエーション

- 学校に通う子どもなら、学校のチャイムがなるたびにゆっくり深呼吸をする習慣をつける。
- 大人も子どもも、仕事、学校、人間関係でイライラすることがあった時に、何か言ったり、行動に移したりする前に深呼吸をする。

歯磨き

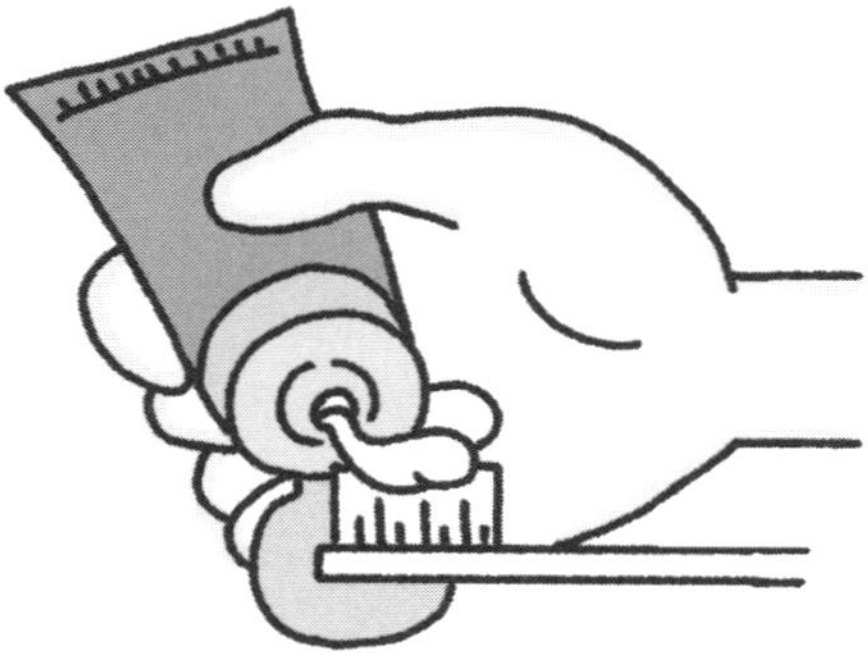

年齢

3～12歳

目的

1 口腔《こうくう》衛生を向上する

2 自己管理能力を身につける

3 集中力を高める

必要なもの

歯ブラシ、歯磨き粉

いつ

朝起きた時、食後、寝る前

やり方

1 歯磨き粉を歯ブラシにつける時、その色や質感に注目し、香りを嗅ぐ。

2 歯ブラシの動きに意識を集中させ、歯を磨き始める。歯ブラシが、歯や歯茎に触れる感覚を抱くように意識する。

3 歯磨き粉の味を味わいながら味の変化にも注意を払い、磨く時の歯ブラシの音に耳を傾ける。

4 歯磨きが終わった後、口の中の清涼感や歯の滑らかさに注意を払う。

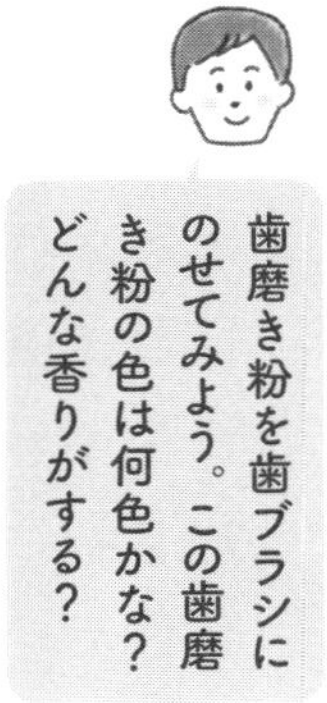
歯磨き粉を歯ブラシにのせてみよう。この歯磨き粉の色は何色かな？どんな香りがする？

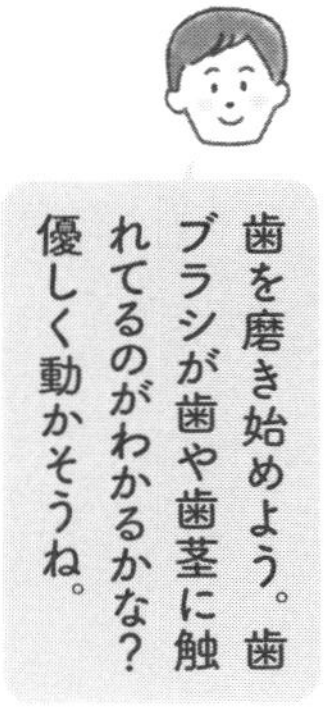
歯を磨き始めよう。歯ブラシが歯や歯茎に触れてるのがわかるかな？優しく動かそうね。

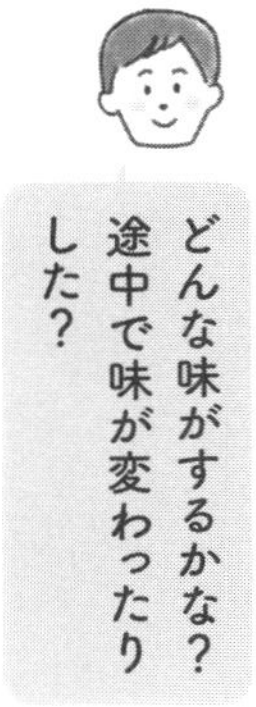
どんな味がするかな？途中で味が変わったりした？

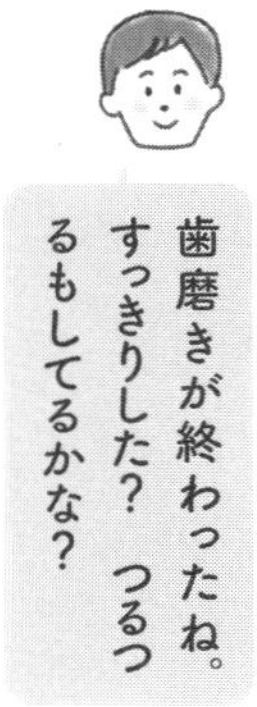
歯磨きが終わったね。すっきりした？つるつるもしてるかな？

5 水の感触やゆすぐ音に意識を集中させ、洗い流す。

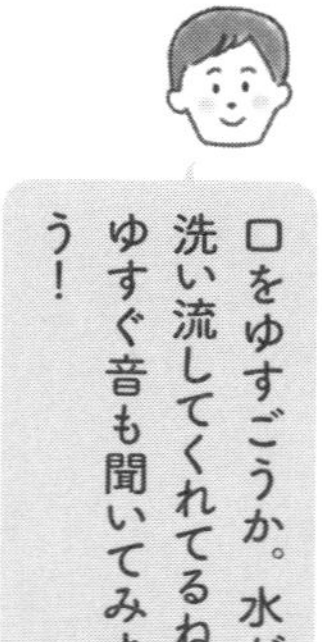
口をゆすごうか。水が洗い流してくれてるね。ゆすぐ音も聞いてみよう！

バリエーション

- 食事をする際に、食べ物の味、質感、香り、食感、温度など、ご飯を食べる体験に意識を向ける。
- 家族で食事をする際に、食べ物の色、形、食感、温度などについて子どもたちと話し合う。
- 食べ物を作ってくれた人や、食べ物が育つ過程について話し、感謝する習慣を身につける。

3つの良いことに感謝する練習

年齢

4〜12歳（ある程度おしゃべりができるようになったら何歳でもOK）

目的

1 感謝の気持ちを育む
2 自己認識を高める
3 親子の絆を深める

必要なもの

なし

いつ

家族で一緒の夕飯時、寝る前の時間

やり方

1

テレビや携帯など、邪魔の入らない空間や時間を選ぶ。

2

親も子どもも、その日あったことを思い出して、嬉しかったこと、幸せに感じたこと、感謝していることを3つ考える。

3

1人ずつ順番に、3つのことをシェアする。

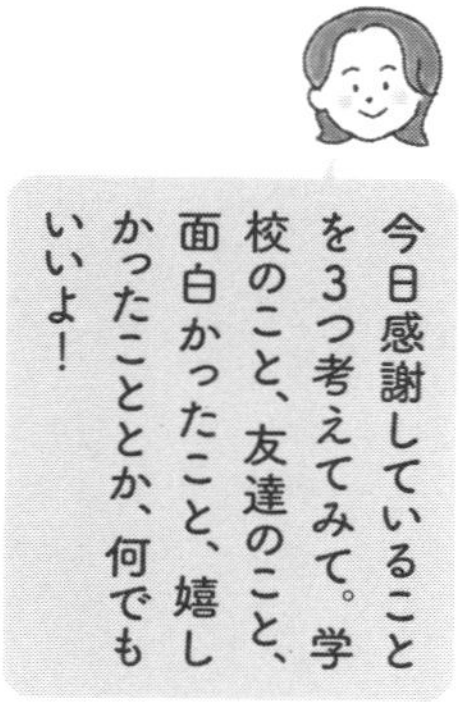
今日感謝していることを3つ考えてみて。学校のこと、友達のこと、面白かったこと、嬉しかったこととか、何でもいいよ！

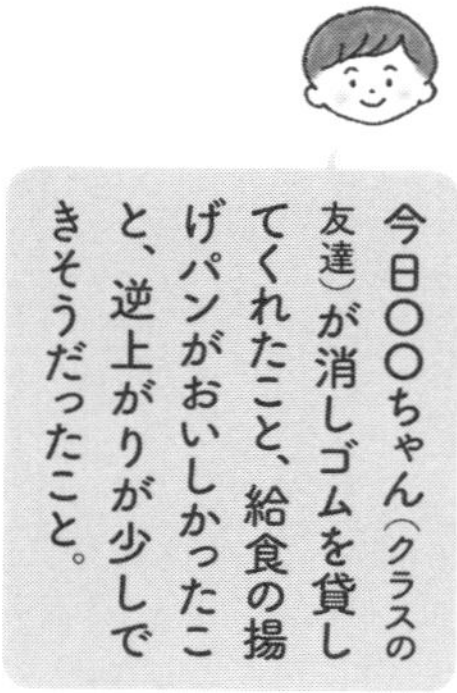
今日〇〇ちゃん（クラスの友達）が消しゴムを貸してくれたこと、給食の揚げパンがおいしかったこと、逆上がりが少しできそうだったこと。

4

どうして嬉しかったのか、感謝しているのかを、可能であればさらにお互いに聞いてみる。

5

みんなで「ありがとう」と言って会話を終わらせる。

〇〇君がサラダを作るのを手伝ってくれたこと。お仕事のミーティングがスムーズに終わったこと。みんなでこうやってご飯を食べられていること。

みんなの嬉しかったことを聞けるのはいいね。毎日、小さなことにも感謝することが大切だよね。みんなでありがとうって言おっか。

バリエーション

■ 朝起きた時、出かける前に、前向きな目標や心構えをポジティブな言葉にしてみる練習。例えば、

「今日、私は自分に対して優しくすることに集中する」

「今日、私は日常の幸せに目を向けてみる」

というふうに、「私は～する」という文章を頭の中で考えて、具体的な目標を立てる。朝にポジティブな目標を設定することで、一日をより意識的かつ感謝の気持ちを持って過ごすことができる。

セルフアファメーション

年齢
5～12歳

目的
1 ポジティブな自己イメージを築く
2 ストレスや不安感を減らす
3 自分自身を尊重することを学ぶ

必要なもの
なし

いつ
朝起きた時、ストレスを感じた時、宿題の前、寝る前

やり方

1

子どもと一緒に、静かで落ち着ける場所を見つける（例：リビングルーム、ベッドルーム、洗面台の鏡の前）。

2

座っても立った姿勢のままでも良いので、深呼吸する。

3

「私は～」「僕は～」というフレーズを使って、自分の好きなところを考える。「私は、頑張り屋だ」「私は友達思い」「僕は人の気持ちを考えることができる」など。

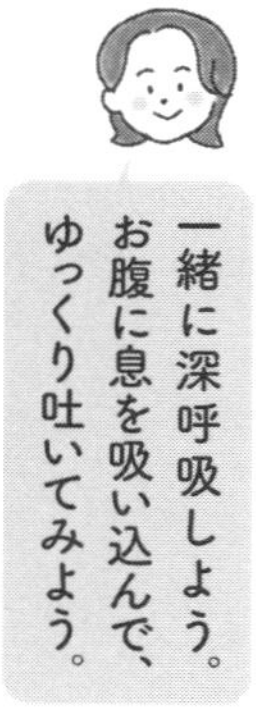
一緒に深呼吸しよう。お腹に息を吸い込んで、ゆっくり吐いてみよう。

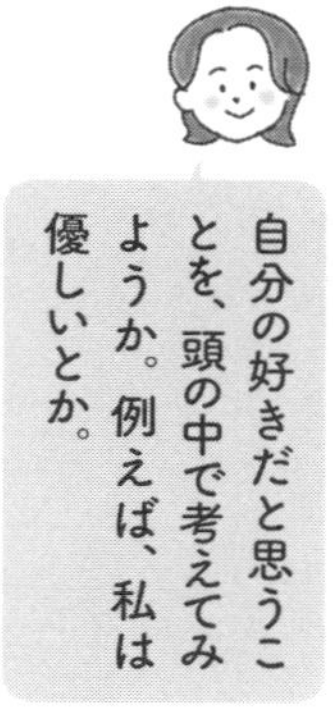
自分の好きだと思うことを、頭の中で考えてみようか。例えば、私は優しいとか。

4 1人ずつ順番に、考えた文を声に出して自分に対して言う。

バリエーション

- ひとりでする時は、自分へのポジティブな言葉を心の中で唱えるのでもOK。
- 付箋などに、思いついた言葉を書き出して、自分が見えるところに貼っておく。
- 「あなたは〜」というフレーズを使って、自分が大切に思っている人（例：家族、パートナー、子ども、友達）の一番好きなところを考える。「あなたは、友達思いで優しい」「あなたは、一緒にいると楽しい」など。深呼吸をしながら、考えた文を心の中で繰り返し唱える。

ふりふり運動

年齢

3～12歳

目的

1 体に溜まっているエネルギーを振り落とす
2 不安やストレスを解放する
3 体や心をリラックスさせる

必要なもの

なし

いつ

ストレスや不安を感じている時、エネルギーがあふれている時

やり方

1 足を肩幅ほどに開いて立ち、リラックスした姿勢をとる。

2 深く息を吸い、ゆっくり息を吐く。

3 軽く膝を曲げ、体を前後または左右にゆっくり揺らしながら深呼吸を続け、呼吸に集中する。

4 周りにぶつからないように気をつけながら、徐々に動きを大きくする。楽しく遊び心を持って取り組むことが大事。

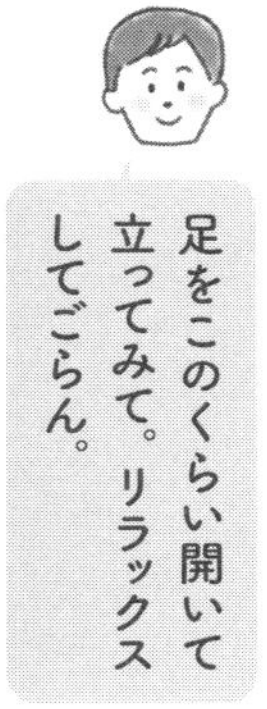
足をこのくらい開いて立ってみて。リラックスしてごらん。

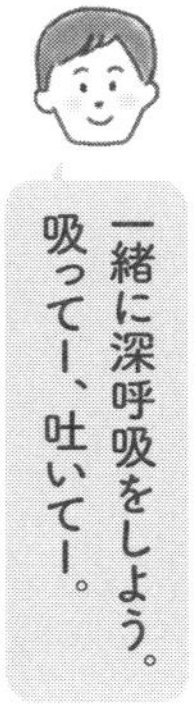
一緒に深呼吸をしよう。吸ってー、吐いてー。

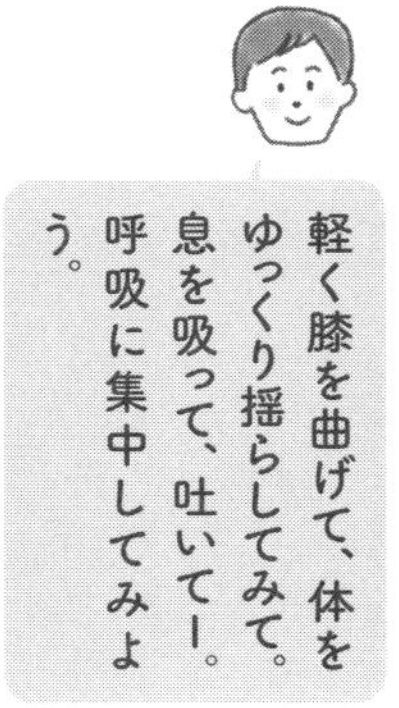
軽く膝を曲げて、体をゆっくり揺らしてみて。息を吸って、吐いてー。呼吸に集中してみよう。

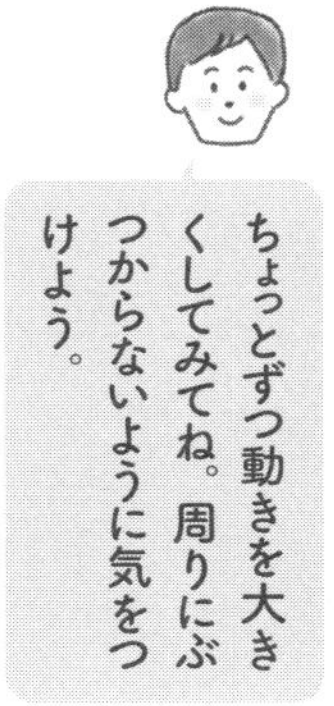
ちょっとずつ動きを大きくしてみてね。周りにぶつからないように気をつけよう。

5 慣れてきたら、腕や足、頭など、全身を使って体を揺らす。体からストレスや不安を振り払うように動かすのがコツ。

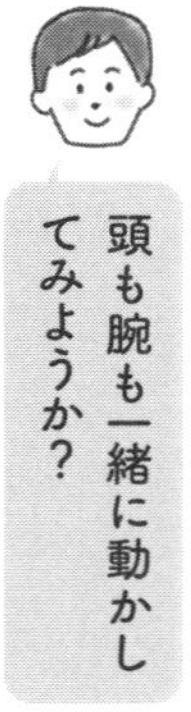
頭も腕も一緒に動かしてみようか？

6 数分間体を揺らした後、動きを少しずつ小さくしていき、最終的には動きを止め、呼吸を整える。

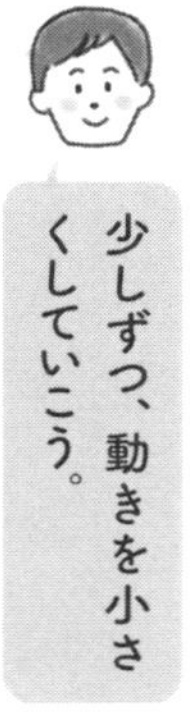
少しずつ、動きを小さくしていこう。

7 子どもがどのように感じたかを話し合う。

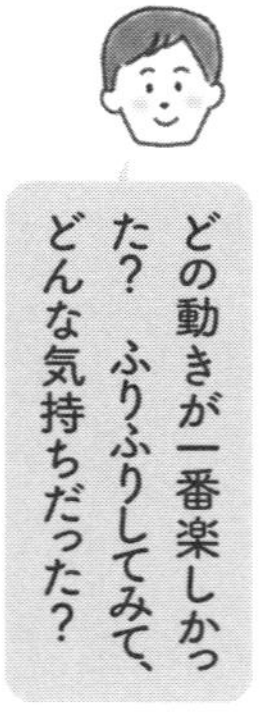
どの動きが一番楽しかった？　ふりふりしてみて、どんな気持ちだった？

バリエーション

- 犬や馬、ライオンなど、動物のモノマネをしながら、体を一緒に動かす。
- 音楽を用意して、「フリーズ遊び」をする。音楽が流れている間はダンスをし、音楽が止まったら動きを止める。

マインドフルネスを取り入れたモンテッソーリのアクティビティ

マインドフルネスの原則を取り入れたモンテッソーリのアクティビティは、子どもの自立心、集中力、感覚認識の発達を目的としていますが、親子関係のつながりを深める上でも重要な役割を果たします。

日常生活に子どもとの時間を取り入れることによって、楽しい時間を一緒に共有するだけでなく、親は子どもの成長をサポートすることができるのです。

基本的には、家事のすべてがモンテッソーリのアクティビティとしておうちでもできます。

スナックを用意する

年齢
3～12歳

目的
1 手先の器用さを向上する
2 自分の体に耳を傾ける力を身につける
3 自立心を高める

必要なもの
切りやすいフルーツ、まな板、子ども用の安全なナイフ、小さな皿

いつ
おやつの時間、夕食後のデザートの時間

やり方

1

子どもと一緒に手を洗う。手を洗う時に、水とせっけんを、手に感じる感覚に注意を払う。

2

まな板、子ども用のナイフ、フルーツ（例：バナナ）を用意する。

3

バナナをむく前に、バナナの色、質感、香りを一緒に観察する。

4

まずバナナをゆっくりとむく方法を子どもに見せてから、子どもにも試してもらう。

一緒に手を洗おう。泡が指先も包んでくれて気持ちがいいね。

バナナをよく見てみよう。どんな色してる？触るとどんな感じがする？どんな匂いがするかな？

バナナをむくやり方を見せるね。終わったら〇〇ちゃんの番ね。

5

子どもに安全なナイフを使ってバナナを切る方法を見せてから、子どもにも試してもらう。動作は、なるべくゆっくりするように心がける。また、子どもの注意力が散らないように、動作中はしゃべらないようにする。

次にバナナを切ってみるね。こうやって猫の手みたいに指を丸めるよ。見ててね。

6

切ったバナナのスライスをお皿に並べる。

切ったバナナをお皿に美味しそうに盛り付けよう。

バリエーション

- 子どもが包丁の使い方に慣れてきたら、野菜を切る（きゅうり、にんじん）。
- 子どもにサラダを用意してもらうなど、食事の準備を一緒にする。

洗濯物をたたむ

年齢
3～12歳

目的
1 集中力を高める
2 自己管理能力を向上する
3 手先の器用さを向上する

必要なもの
何もない平らな床、低いテーブル、洗濯物

いつ
学校から帰ってきた時、夕食後、寝る前

やり方

1

子どもに、洗濯物を一つ選んでもらう。最初は、簡単にたためるアイテム（例：タオル）がおすすめ。

2

洗濯物の手触り、香り、温度を一緒に観察し、子どもと会話をする。

3

子どもに、ポイントを強調しながら洗濯物をたたむ手順をゆっくりと見せてから、一緒にやってみる（例：タオルの端と端を指さして、おおげさにゆっくりと合わせる）。

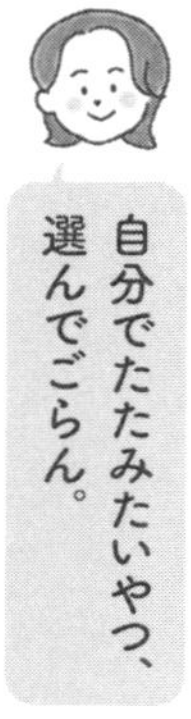
自分でたたみたいやつ、選んでごらん。

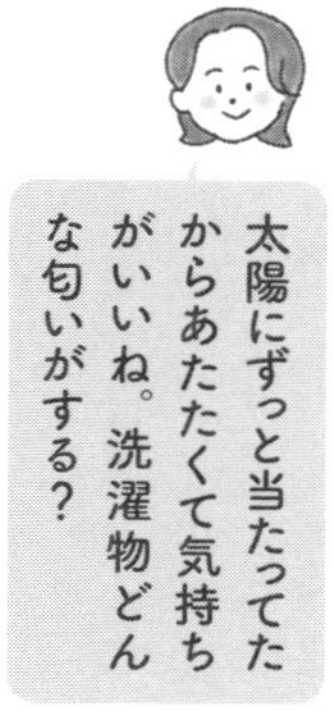
太陽にずっと当たってたからあたたかくて気持ちがいいね。洗濯物どんな匂いがする？

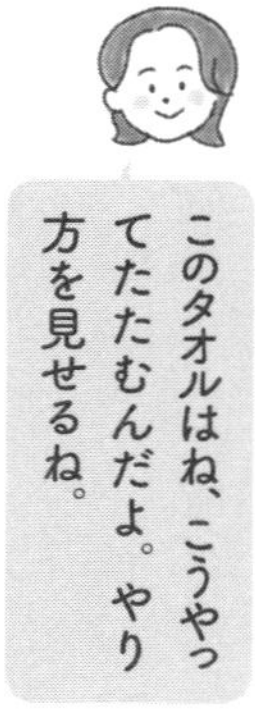
このタオルはね、こうやってたたむんだよ。やり方を見せるね。

4 たたむ時の手触りに注意を払う。

5 たたんだ洗濯物をきれいに積み重ねる。

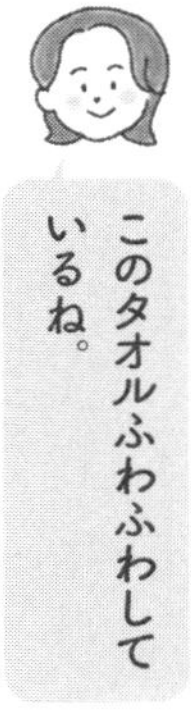
このタオルふわふわしているね。

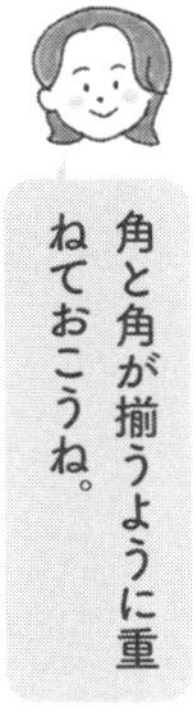
角と角が揃うように重ねておこうね。

バリエーション

- たたむのがまだ難しいようであれば、洗濯物の整理整頓を手伝ってもらう。例えば、靴下をマッチングする、同じ種類のタオルを一緒にまとめてもらうなど。
- 洗濯物をたたみ終わったら、引き出しやクローゼットなど、所定の場所に一緒に戻す。

植物のお世話

年齢
3～12歳

目的
1 責任感を育む
2 忍耐力を身につける
3 植物への感謝の気持ちを育む

必要なもの
子ども用のジョウロ、湿った布あるいは綿

いつ
朝起きた後、学校から帰った後、ルーティンとして決まった時間

やり方

1

子どもと一緒に、世話が比較的簡単な植物を選ぶ（例：多肉植物やスパイダープラントなど）。

2

植物に適した場所に置き、植物が光と水を必要とする理由を簡単に説明する。

3

子ども用のジョウロを使って水やりの方法と、湿らせた布あるいは綿で、葉のほこりを優しく拭き取る方法を子どもに見せる。

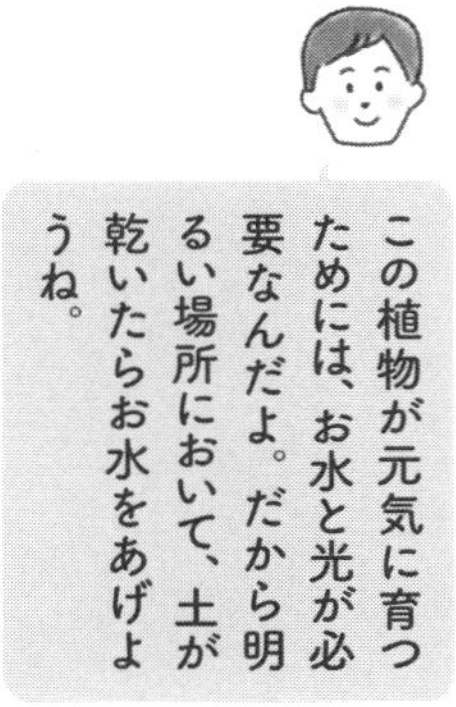
この植物が元気に育つためには、お水と光が必要なんだよ。だから明るい場所において、土が乾いたらお水をあげようね。

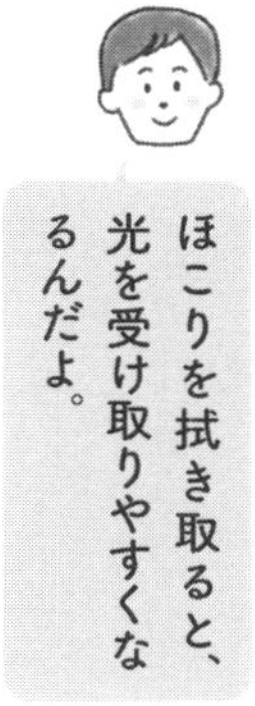
ほこりを拭き取ると、光を受け取りやすくなるんだよ。

4

定期的に植物の成長を観察するように、子どもに促す。特に新しい葉が芽生えた時や、花が咲く様子に子どもは興味を持つ。

新しい葉っぱ出てきたかな？ お花のつぼみは、今日はふくらんできたかな？

5

植物とのつながりを深めるために、子どもに植物に話しかけるようにすすめてみる。

植物に話しかけるといいみたいだよ。こうやって言うの。大きくなってね！ お花が咲くの楽しみにしてるよ。

バリエーション

- ベランダなど小さな屋外スペースを活用して、野菜やハーブを栽培するベランダ菜園を子どもと一緒に始める。
- 自分で育てた野菜を一緒に収穫し、食事に取り入れ、食に対する関心と感謝の心を育む。

自然の宝探しゲーム

年齢
3～12歳

目的
1 自然への感謝の気持ちを養う
2 観察力と探究心を高める
3 体を動かす機会につながる

必要なもの
なし

いつ
週末、学校帰り、旅行中、地球の日、季節の変わり目

やり方

1

子どもと、自然で見つけられそうなアイテムのリスト(*1)を作成する。庭、公園、森、川辺など、安全で自然が豊かな場所を選ぶ。

2

自然のアイテムを持ち帰るか、そうでないのか、家庭のルールを伝えておく。例えば、自然のアイテムは見つけるだけで持ち帰らないか、あるいは持ち帰ったとしても自然を傷つけない方法のみＯＫなど。

3

子どもと一緒にリストのアイテムを探す。各アイテムを見つけるたびに、それについて観察したり話し合ったりする。

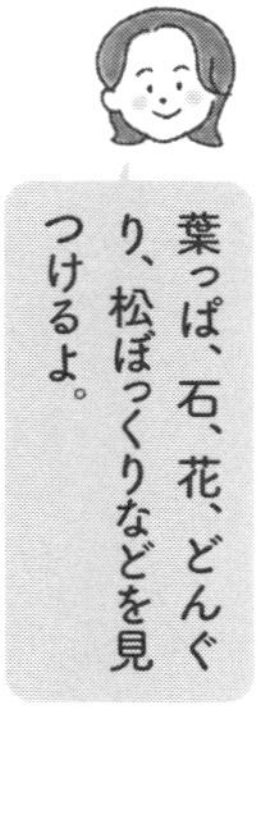
葉っぱ、石、花、どんぐり、松ぼっくりなどを見つけるよ。

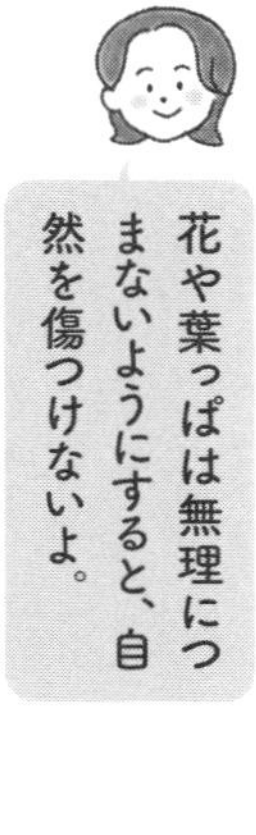
花や葉っぱは無理につまないようにすると、自然を傷つけないよ。

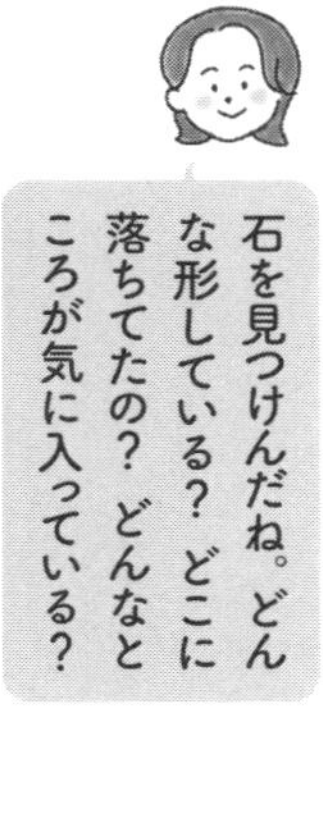
石を見つけんだね。どんな形している？ どこに落ちてたの？ どんなところが気に入っている？

4 宝探しが終わったら、子どもが見つけたものや感じたことについて話し合う。

宝探しをしてみて、一番楽しかったことは何だった？ どうして？ 見つけたものの中で、一番気に入ったものは何？ それはどうして？

バリエーション

■ **幼児期**（**3〜5歳**）**向け**：簡単で識別しやすいアイテム（葉っぱ、石、花など）を探し、好奇心を刺激する。

■ **小学校低学年**（**6〜8歳**）**向け**：やや複雑なアイテム（例：異なる形の葉っぱや特定の色の物体）を探すなど、学習要素を加えて、子どもの観察力を高める。

■ **小学校高学年**（**9〜12歳**）**向け**：より特定的なアイテム（例：特定の種類の植物、昆虫、鳥）を探すなど、深い観察力を育みながら、生物体系について学ぶ。

※1　リストは、文字を書ける年齢であれば、自分で書いてもらう。

サイレントゲーム

年齢

3〜12歳

目的

1 集中力を高める

2 自主規制力を育む

3 環境に対する聴く力を高める

必要なもの

なし

いつ

別のアクティビティに移動する時（お風呂前、寝る前、夕飯前、出かける前）、心身を落ち着かせたい時

やり方

1 ゆっくり静かに座って、目を閉じてリラックスするように促す。

2 一緒に数回深呼吸をし、心身をリラックスさせる。

3 特定の合図（例：鐘を鳴らす、手をたたく、指を鳴らすなど）で、サイレントゲームを始める。

4 数分間、部屋の中の静けさを感じる。この間、子どもに自分の呼吸や周囲の音に注意を払うように促す。

サイレントゲームをするよ。ゆーっくり音を立てずに座って。目を閉じて、体の力を抜いてみよう。
深呼吸をするよ。お腹に息を吸ってー、吐いてー。
この鈴を鳴らしたらゲームの始まりだよ。
（ささやきながら）外の車の音が聞こえるかな？ 時計の針の音が聞こえるかな？

5 合図をして、サイレントゲームを終わらせる。

目をゆっくり開けてごらん。

6 子どもと、サイレントゲーム中に感じたことや思ったことを話し合う。

どんな音が聞こえたか教えてくれる？

バリエーション

- レストランでサイレントゲームをする。レストランでオーダーを待っている間など、周りの音に注意を払う。
- 電車やバスなどで、サイレントゲームをする。

参考資料

1) Chen, Y., Kubzansky, L. D., & VanderWeele, T. J. (2019). Parental warmth and flourishing in mid-life. *Social Science & Medicine*, 220, 65-72.

PART 5

多くの人が悩む 〝子育ての困った〟Q&A

5

Q1

下の子は、**負けず嫌い**で1番にこだわります。競争心があるのは良いことだと思いますが、負けると泣き叫ぶなど癇癪《かんしゃく》を起こすので困っています。マインドフルネスやモンテッソーリ教育で子どもの**協力性**を育むにはどうしたら良いでしょうか？

（小3と4歳男子の母）

A

確かにある程度の競争心は大切ですが、周りは対応に困ってしまうこともありますね。お子さんの年齢を考えると、競争心はごく普通のことです。4歳前後になると、子どもは競争という概念を認識し始めます。[1] 幼い子どもほど、相手への影響を考えずに強制的な手段を使ってもほかの子に勝ちたい気持ちが大きいほか[2]、末っ子ほど競争心が強い傾向にあります。[3]

また、**3~5歳までの子どもは、発達段階的に自己中心主義であるのが特徴的**

です(4)。**これは大人が考えるいわゆる「自己中な人」とは違い、この年齢の子どもはほかの人の目線に立つ考え方がまだ発達していません。**このため、競走で負けたとしても、自分以外のだれかが自分より優れていることを理解したり、ほかの人の業績を認識したりするのは非常に難しいのです。

発達上よく見られることとはいえ、お子さんによっては競争心が人一倍強い場合もあるでしょう。PART 1でも触れたように、モンテッソーリ教育では、不必要な競走はできるだけ取り除くように設計されていますが[*1]、生きている以上勝ち負けは避けられません。

「負ける」ことに上手に付き合える方法を、いくつか紹介します。

まず、負けた時のために、本人が落ち着ける方法を一緒に探してみましょう。子どもによっては、休憩したり、一人で過ごしたり、絵を描いたり、音楽を聴い

＊1 横割りではなく縦割りの設計であるため、同学年との競走ではなく、異学年内の協力を育む。また、カリキュラムを進めるのに1年ごとではなく3年間の余裕があるため、競走やプレッシャーがなく、個人のペースで学習を進めることができる。

たりする必要がある子もいるでしょうし、マインドフルネスのアクティビティの一つである深呼吸が効果的な子もいるでしょう。

本人が落ち着ける場所、もの、アクティビティなどを、本人とアイデアを出し合ってあらかじめ決めておきましょう。実際に本人が負けるような場面に遭遇した場合は、あらかじめ決めておいたアイデアを思い出させてあげてください。

次に、言語発達中の子どもはもちろんのこと、大人でも自分の気持ちを正確に認識し、言葉にするのは難しいものです。負けた時の本人の悔しい気持ちや怒りの気持ちを表現する言葉を、子どもと一緒に探してみましょう。喜怒哀楽といった感情カードを使って、気持ちを認識する練習を普段からすることで、マインドフルに今の自分の気持ちに向き合うスキルを身につけます。そして、例えば「私は負けた時、悔しくて、叫びたい気持ちになるよ」というふうにお手本を見せてあげながら、子どもと一緒に感情を表現する方法をロールプレイで練習します。

負けた時のシナリオを考えて、相手の勝利を祝福するロールプレイも良いでしょう。

例えば、カードゲームで負けたという状況を想定します。まず、勝った時と負けた時に自分と相手がどんな気持ちになるかを、子どもと話し合ってみてください。その上で、勝った相手に対して、拍手やハイタッチをするなど、具体的な行動を通してどのように祝福できるか練習してみてください。

最後に、しりとりなど勝ち負けが比較的速いペースで入れ替わるようなゲームを、家族の時間に取り入れてみてください。この際に勝ち負けにフォーカスせずに、家族で一緒に楽しむことを強調しましょう。

子どもが言葉につまっていたら、ヒントを出したり、競争心の強い子どもにヘルパーになってもらったりするなど、勝ち負けだけでなく、助け合うことも楽しい時間を共有する一部であることを体験させてあげてください。しりとりは、言語能力を養うと同時に、自分の順番を待つ忍耐力も育むほか、車や電車での移動時でも簡単に行えるゲームとして向いています。

Q2

上の子どもが小学校中学年になりますが、下の幼稚園年少の子どもと同じように扱っているつもりでも、いつも「弟ばっかり」と言ってやきもちを焼きます。お兄ちゃんにも弟にはしないような、特別な対応はしているつもりですが、わがままに拍車がかかる一方で（例：自分でできることでもやってと頼んでくる）、イライラしてつい怒ってしまいます。

マインドフルネスを取り入れて、子どものやきもちに対応する方法はありますか？

（小3と年少男子の母）

A

下のお子さんはまだ大人の手助けが必要な年齢なので、どうしても親が余計に時間を割いているように上のお子さんには見えてしまうのでしょうね。この気持ちを隠さずに正直に話してくれていること自体、上のお子さんは親御さんに話しても大丈夫だという安心感を持っている証拠なので、親子間の信頼関係がうかがえます。不満のメッセージではありますが、普段からの親御さんの愛情は無意識にも伝わっているのだと思います。

まずは、「そんなことないよ。あなたのことも思っているよ」と反論したい気持ちは抑えて、「思っていることを教えてくれてありがとう」とお子さんのありのままの気持ちを受け止めてあげてください。

また、態度や行動など、言語以外のコミュニケーションにも注意して、「寂しい」とか「お兄ちゃんなのが嫌だ」「弟嫌い」という気持ちがあれば、否定せずにそれを大人も言葉にして受け止めましょう。**子どもにとって大事なのは、喜びだけでなくて、悲しみや怒りといった感情すべてを受け入れてもらえるという安心感です。**

そして、たとえ自分でできることでも親にやってもらいたい時は、まだまだ子どもであればたくさんあります。甘えてきているのであれば、「気にかけて」のサインであるので、大人に余裕があれば甘えさせてあげてください。

もちろん大人から見て「わがまま」が続くと、その好ましくない行動ばかりが目につくと思うのですが、協力的だった時、自主的に動いてくれた時、スムーズにいった時にこそ、「ひとりで準備できたね！　出かける時にスムーズですごく助かったよ。ありがとう」というふうに具体的にフィードバックを伝えてみてください。

また、可能であれば2人の時間を確保するようにしてみてください。兄弟の就寝時間が違うようであれば、弟が寝たあとに一緒に本を読む、あるいは習い事の帰りに2人だけでどこかに寄り道する、寝る前に2人で「3つの良いことに感謝する練習」をするなど。

「○○と2人の時間が過ごせて幸せだよ」と、一緒の時間が親であるあなたにとっても大切で特別であることを、言葉にして伝えてみてください。

Q3

自分があまり好きではない、食べたくないご飯が出るとあまり食べないか、そもそも席につこうともしません。その際に、「せっかく作ったのに」と思って叱ってしまいます。

席についてないのに無理やり口に運ばせて食べさせてしまうのですが、本当は**座って食べてもらいたい**です。

それに対してのモンテッソーリ的な対処法はありますか？

（4歳女子の母）

A

これは親御さんにとっても、お子さんにとっても、ストレスですよね。

ご飯の時間は、子どもたちが大きくなった時にも、家族共有の機会になるので、大切な時間です。できるだけ楽しく、ポジティブな経験にできるようにしたいものです。

まず、子どもにタスクを与えて、食事の準備を手伝ってもらいましょう。子どもは大人と同じようにするのが大好きで、自分もやりたいと思っていることがたくさんあります。

モンテッソーリ教育でもよく推奨していますが、レタスをちぎってサラダを作る、子ども用のナイフできゅうりを切る、計量スプーンを持って調味料を入れるなど、子どもができることはたくさんあります。

料理だけではなく、お皿やお箸を置いて食卓の準備をするのも、子どもたちには適した仕事です。もちろん大人がやった方が早いですし、あとの片付けを思うと、おっくうな場合の方が多いと思います。

ただ、大変ではありますが、できる時に子どもを積極的に食事の準備に巻き込むことで、子どももだんだんできるようになるほか、食事自体にもっと興味を持つ可能性が高まります。

大人とお揃いの食器を用意してみるのもおすすめです。この年頃の子どもは、大人の真似をしたい時期です。取り皿など、親御さんの許容範囲内で大人と同じものを使ってもらうのも、外的ではありますが食事に参加するモチベーションにつながります。

モンテッソーリの教室では、できるだけプラスチック製のものは避けるようにしています。これは、壊れやすいものを教室に取り入れることで、壊れるものに対する子どもたちの注意力や丁寧に扱う動作を促すためです。

もちろん、教室内でお気に入りの陶器が割れてしまい、私自身心で泣いたことは何度もありますが、モンテッソーリ教育の「本物」を大切にする精神は、教室に置くものにも行き届いています。

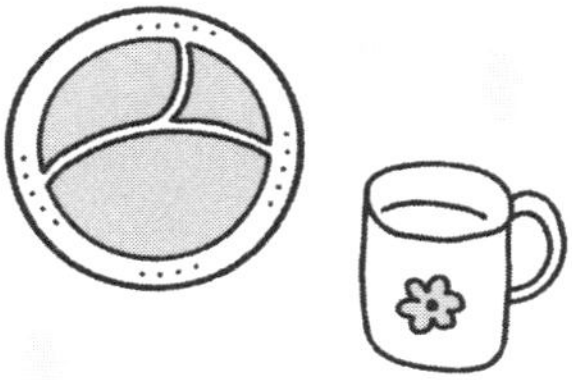

次にしっかりと境界線を引いてください。安全のためにも、ご飯は座って食べるものだと一貫性を持って伝えることが大事です。「席を立つ＝ご飯は終わり」という線引きをして、本人に選んでもらいましょう。

「座って食べる？　それとももうごちそうさま？」。本人が食べないと決めたら、それで良しとします。

食べ物の話をする時に、責任の分配という考え方があります。(5) **大人の責任は、どこで食べるか、何を用意するかを決めること。一方で、子どもの責任は、出されたものを食べるか食べないか、どれくらいの量を食べるかを決めることです。**

「食べなかったら、栄養が心配」という親御さんもいると思います。研究によると、3歳の時に偏食だった子でも、偏食でなかった子と比べて、10代になった時に若干の栄養状態の差はあったものの、健康や発育に悪影響を及ぼすほどの差はなかったということもわかっています。(6)

栄養バランスを考えた食事を提供することはもちろん素晴らしいことですが、今多少食べるのを嫌がっていてもそんなに心配しすぎないでください。

最後に、ポジティブな点にフォーカスしてみましょう。

大袈裟にほめる必要はまったくありません。ただ、座れている時や、ご飯をきちんと食べられている時に、具体的に「一緒に座って食べられると嬉しいな」「席についていてくれてありがとう」と、期待や感謝している行動がわかるように、すかさず具体的なフィードバックをしてみてください。

Q4

上の子が自分に自信を持てず、優柔不断なところがあります。モンテッソーリ教育で育まれる**自立性**を育てるためには、どうすればいいですか？

（小二と年中の母）

A

モンテッソーリ教育の大きな目標の一つが、子どもの自立性を育むことです。このためには、子どもたちが自分で決断をし、自分でやり遂げる環境が必要となってきます。当然ですが、**自ら決断を下し、自分で何かをできるようになるためには、自分で決断をし、自分で何かを成し遂げる練習が欠かせません。**

子どもは自分で興味のあるアクティビティを選ぶ、最後まで責任を持って片付ける、日常の生活を通して自分でできることを増やしていくなど、実体験を通じて自立性を育む機会を統合的に提供しているのがモンテッソーリの教室なのです。もちろん、おうちでもできることはたくさんあります。

まずは、選択肢を用意し、子どもが自分で決断をする機会を設けてみましょう。

例えば、その日に着る洋服を選んだり、好きな遊びを選んだりするなど、子どもの年齢に合ったレベルのものが良いでしょう。

そうすることで、責任感と自立性が育まれ、決断力も養われます。

また、子どもが自分で問題を解決できる

ようにサポートしましょう。すぐに解決策を提示するのではなく、子どもからアイデアを引き出すことで自信を高め、問題解決能力を身につけます。

例えば、子どもができないと助けを求めてきた時に、すぐに答えを教えるのではなく、「ほかにどんな方法が試せるかな?」「どうすればみんなで楽しく遊べると思う?」と問いかけることで、さまざまな解決策を考える機会を与えます。

この大人の足かせは、「近接発達領域」と呼ばれ、子どもの能力を伸ばすためには大切な概念です。

「近接発達領域」とは、子どもが自力では解決できない問題を、大人やより能力や経験のある仲間によって解決できる能力の差のことを指します。[7] つまり、周囲からのサポートを受けることで、個人だけでは達成できない成長や学習を子ども自身が体験できるのです。

このように、問題解決のプロセスを通じて子どもに適切なサポートをすることで、子どもたちは自信を持ち、問題解決能力を身につけることができるのです。

Q5

3歳の子どもがいます。ひとり遊びがぜんぜんできなくて、いつも「ママと一緒にしたい」と言ってくるので、相手をしてあげないといけません。家事がぜんぜんできなくて困っています。

ひとり遊びができない子どもの自立を促すモンテッソーリ教育のアプローチはありますか？

（3歳の母）

A

子どもが一緒に遊びたい気持ちもわかりますが、家事も進まず困ってしまいますよね。**ひとり遊びを覚えることは、大人にとっても負担が減るほか、子どもにとっても創造性やクリティカル思考を身につけるのにも役立ちます。**実際に、大人が主導しすぎると、子どもたちの自発的な探求や発見を妨げることもわかっています（8）。

ひとり遊びをサポートできるように、いくつか方法を見ていきましょう。

まず、徐々にひとりで遊べるように、ゆっくり段階を踏みましょう。

最初は、15分でも良いので、子どもと一緒に遊ぶところから始めます。

その後、「○○ちゃんがひとりで遊べる時間だね！　ママはここで洗濯物をたたんでいるからね」とはっきりとポジティブにそして自信を持って、子どもがひとりで遊ぶ時間であること、あなたが何をする予定なのかを子どもに伝えるようにしてください。

あなたの存在を確認できれば、子どもは安心するので、最初は、リビングなど同じ空間に留まるのが良いでしょう。子どもがひとり遊びをしている時は、できるだけ静かに見守ってください。「いっぱい積み木できたね。すごいすごい」といったほめ言葉も必要ありません。良かれと思ってのコメントであったとしても、子どもの集中力を今やっていることから遠ざけてしまいます。

大人と一緒に遊ぶことに子どもが慣れている場合、子どもはフラストレーションを感じて抵抗することもあるかもしれません。ただ、変化は1日では起こりません。現実的な期待を持つことも必要です。

3歳前後の子どもであれば、集中力は10分くらいが妥当です。[9] 1日10分ずつでも、自立心を養うために、ひとり遊びの時間をルーティンに取り入れてみてください。必要であれば、タイマーを使うのもおすすめです。

また、子どもがいろいろな方法で探検できるようなおもちゃを用意しましょう。おままごとの小道具、人形やぬいぐるみ、ブロック玩具といった既成のもののほかにも、食品保存容器（プラスチックでOK）、ペットボトル、洗濯バサミ、ボタン、コップ、おはじきなど、いわゆるルースパーツと呼ばれる子どもにも馴染みのある普通のものもおすすめです。

種類ごとにバスケットに入れるなどして、子どもがいろいろ組み合わせて何かを作れるように用意してあげてください。たまに、おもちゃを入れ替えするのも良いでしょう。

選択肢が多すぎると圧倒されることもあるので、しばらく見ていなかったおもちゃが出てくることで、子どもの興味をそそることができるかもしれません。

Q6

3歳の娘に対して有効な声のかけ方はありますか？ モンテッソーリ教育ではほめたり叱ったり、どういうふうにするのでしょうか？

（3歳女子の母）

A

モンテッソーリ教育では、子どもの自主性を尊重し、自立心を育むために、ほめることと叱ることを慎重に行います。長期的に見ても、**幼い時から努力や過程に焦点を当てた声のかけ方がおすすめ**です。

長期研究によると、[10] 約1~3歳の時に、親から努力や取り組みに対してほめられた子どもほど、7~8歳になった時に、努力することを大事にしたり、挑戦を楽しんだり、改善するために工夫したりするような姿勢を持っていることがわかっています。

つまり、**頑張ったことや、途中の過程に注目した「プロセスほめ」をした方が、失敗を恐れずに柔軟に物事に取り組める「グロースマインドセット（しなやかマインド）」を育める可能性があります。**

自分の力は決まっているから、努力しても変えられない、どうせ自分はできないと最初から諦めてしまうようなフィックストマインドセット（こちこちマインド）に比べて、グロースマインドセットは心や頭の成長に欠かせない態度です。(11)

ほめる時は、「たくさんの色を使ったのね！」「自分でできたね」など、お子さんの年齢を考えてシンプルな言葉で構いません。

また「すごいすごい」と具体性に欠けるような「おざなりほめ」、「天才ね」「いつも優しいね」と能力や性格だけに集中するような「人中心ほめ」は避けてください。(12)

叱る時は、まず子どもの気持ちを受け入れてから、軌道修正をしましょう。つ

まり、「ダメ」「やめて」というような、真向から否定する第一声を控え、まず子どもが何をしたかったのか、その気持ちをいったん受け入れましょう。「〇〇したかったんだよね」「悲しいんだね」など。気持ちを受け入れてもらえることで、子どもたちには安心感が生まれます。その上で「怪我をするから、ここに置くよ」などと簡単に理由を説明してください。

年齢的に長い理由を言っても伝わりませんが、シンプルに家庭のルールは根気よく伝えていきましょう。**理由説明をすることは、大人自身もなぜ叱るかを考えることにつながります**。なぜ「ダメ」だと思っているのか、その理由は果たして妥当なのか、大人がその線引きに責任を持つことも必要です。

ほかにできることは、パラレルトークと、セルフトークです[13]。

パラレルトークとは、子どもの行動や動作

をそのまま言葉にして実況中継することです。「このおもちゃが欲しかったんだよね」。セルフトークとは、自分のやっていることをそのまま言葉にします。「さつまいもを潰《つぶ》しているよ。お皿に載せるね！」「おむつを替えるね。お尻を拭くよ。ちょっと冷たいかも」。

これらのパラレルトークやセルフトークは、子どもの語彙力《ごいりょく》の基礎になるだけでなく、子どもに対して尊敬の気持ちで接するために役にたちます。また、どうやって声をかけていいのかわからないといった時にも覚えておくと便利です。

Q7

6歳の女の子の母親です。すぐに諦めたり、やめたりする癖があります。こういう子どもに対して、**持続力**を育むモンテッソーリ教育の方法はありますか？

（6歳女子の母）

A

先ほどの質問でもありましたが、**「グロースマインドセット」を育むことで、子どもたちは、努力や周りの力があれば、今はできなくてもいつかはできるようになるかもしれない、という自分を信じる気持ちが生まれます。**

努力は上達につながるということを理解することで、簡単に諦めない姿勢につながるのです。「失敗しても、諦めないで何度も挑戦していたね」など、子どもの努力や過程に注目して具体的なフィードバックをするほかに、「最初は逆上がりできなかったの覚えてる？　でも、何度も練習しているうちに、できるようになってたよね！」など、過去にできなかったことを乗り越えた出来事を思い出させてあげてください。

また、子どもが「できない」と言った時は、「今はまだできないんだよね」というふうに、できないのは一時的であるという言い換えをしてあげるのも良いでしょう。それでもうまくいかないことが続く場合は、子どものサポート役となり、一緒に問題を特定し、解決策を話し合ってみてください。

問題に立ち向かう時に、子どもたちが好きなキャラクターになりきって、ある程度問題と距離を置くことも有効的です。

例えば、子どもはバットマンといったスーパーヒーローになりきった時の方が、そうでない時よりも、目の前のタスクにより時間をかけるなど、持続力が高くなることがわかっています。[14]スーパー戦隊の変身アイテムやマントを用意して、「スーパー戦隊のマントを着ると、もっと力が出るんだよ！　これを着て、頑張ってみようか！」と励ましたり、スーパーヒーローになった自分の似顔絵を描いて、スーパーヒーローのすごいところを子どもと一緒に話しあったりするのも良いでしょう。

参考資料

1) Tsiakara, A., & Digelidis, N. (2012). Ways preschool children aged 4–5 years old express their desire to excel. *European Psychomotricity Journal*, 4, 41-48.

2) Hu, Y., & Zhu, Y. (2018). Exploring an age difference in preschool children's competitiveness following a competition. *Frontiers in psychology*, 9, 306.

3) Sulloway, F. J. (2001). *Birth order, sibling competition, and human behavior*. In Conceptual challenges in evolutionary psychology: Innovative research strategies (pp. 39-83). Dordrecht: Springer Netherlands.

4) Kesselring, T., & Müller, U. (2011). The concept of egocentrism in the context of Piaget's theory. *New ideas in psychology*, 29(3), 327-345.

5) Vaughn, A. E., Ward, D. S., Fisher, J. O., Faith, M. S., Hughes, S. O., Kremers, S. P., ... & Power, T. G. (2016). Fundamental constructs in food parenting practices: a content map to guide future research. *Nutrition reviews*, 74(2), 98-117.

6) Diamantis, D. V., Emmett, P. M., & Taylor, C. M. (2023). Effect of being a persistent picky eater on feeding difficulties in school-aged children. *Appetite*, 183, 106483.

7) Chaiklin, S. (2003). The zone of proximal development in Vygotsky's analysis of learning and instruction. *Vygotsky's educational theory in cultural context*, 1(2), 39-64.

8) Bonawitz, E., Shafto, P., Gweon, H., Goodman, N. D., Spelke, E., & Schulz, L. (2011). The double-edged sword of pedagogy: Instruction limits spontaneous exploration and discovery. *Cognition*, 120(3), 322-330.

9) Acredolo, L., & Goodwyn, S. (2011). *Baby minds: Brain-building games your baby will love*. Bantam.

10) Gunderson, E. A., Gripshover, S. J., Romero, C., Dweck, C. S., Goldin-Meadow, S., & Levine, S. C. (2013). Parent praise to 1-to 3-year-olds predicts children's motivational frameworks 5 years later. *Child development*, 84(5), 1526-1541.

11) Dweck, C. S. (2006). *Mindset: The new psychology of success*. Random house.

12) 島村華子（2020）『モンテッソーリ教育・レッジョ・エミリア教育を知り尽くした オックスフォード児童発達学博士が語る 自分でできる子に育つ ほめ方 叱り方』ディスカヴァー・トゥエンティワン

13） てらいまき漫画 & 島村華子監修（2021).『モンテッソーリ教育の研究者に学ぶ 子育てがぐっとラクになる「言葉がけ」のコツ』Kadokawa

14） White, R. E., Prager, E. O., Schaefer, C., Kross, E., Duckworth, A. L., & Carlson, S. M. (2017). The "Batman Effect": Improving perseverance in young children. *Child development*, 88(5), 1563-1571.

おわりに

オックスフォード大学院時代に、当時の研究のテーマであったため、マインドフルネスのトレーニングを数カ月間にわたって受ける機会がありました。

毎回、僧侶の方にガイドしてもらう瞑想では、深い眠りに落ちるのがお決まりでした。勉強生活に疲れていたのもあったので必要な睡眠でしたが、自分の思考や体の感覚にマインドフルネスの教えに沿って集中するよりも、単に眠気に誘われる時間になってしまったことは良い思い出です。

瞑想は、個人的になかなかハードルが高いものでしたが、マインドフルネスのトレーニングで得たことはほかにありました。それは「感謝の種は、日常のあらゆるところに溢れている」ということでした。

ある週に「一週間、毎朝感謝していることを10個ずつあげる」という課題が出されました。この本で紹介した「三つの良いことに感謝する練習」と似ています。最初こそ、「親、家族、健康、友達など」大きなテーマを並べていたのですが、だんだん言うことがなくなっていくと、そのうちにもっとミクロなところに目がいくようになりました。

例えば、お腹を抱えて笑った親友との会話、すぐにお湯が沸くポット、淹れたてのコーヒーの香り、しっぽをふってくれた犬、青い空、庭のバラの良い香り、勉強の休憩にミルクティーを持ってきてくれた友達、スーパーで安売りになっていたグミ、今日も頑張って少しでも論文を書こうとした自分など。
普段は何気なく見逃してしまったり、感謝の気持ちを深く噛み締めたりすることなく、さらっとカジュアルに受け入れてしまっているところにも、たくさん「ありがとう」が散らばっていることに、その一週間で改めて気づかされました。

私たちの脳は、ネガティブなことに目がいくようにできています。だからこそ、この「ありがとう」の気持ちを意識していくことは、私たちが普段見ている景色を変えるにはとても大切なことなのです。子どもたちと接する時も同じことが言えます。

誰からの「ありがとう」もなく、当たり前に期待され、ずっと頑張り続けているのが親御さんです。「こんなにやっているのに何で」と、こちらの思う通りに動かない子どもにイライラしてしまうことも多いのが現実です。

しかし、「ありがとう」の目線を思い出せるときがあれば、私たちのあり方が変わり、子どもや今の状況の見え方も変わってくるかもしれません。

きつく怒ったのに、大好きと言ってくれてありがとう。

悲しい時に、頼ってくれてありがとう。

帰った時に、駆け寄ってきてくれてありがとう。

ごはんを美味しいと言ってくれてありがとう。

一緒に遊ぼうと言ってくれてありがとう。

ぎゅっとハグをしてくれてありがとう。

思いっきり笑ったり泣いたりする顔を見せてくれて
ありがとう。

今の瞬間が大切だと思い出させてくれてありがとう。

この本を手にしてくださったみなさま、改めてありがとうございます。子育てでも、教育の現場でも、晴れの日も雨の日も大荒れの日もあります。
この本がそんな変わりゆく子育てという天気に付き合うヒントに少しでもなれば嬉しいです。

島村華子

0～18歳までの家庭でできる
モンテッソーリ教育
子どもの可能性が広がる実践的子育てガイド

ティム・セルダン、ローナ・マクグラス＝著
百枝義雄＝監修／島村華子＝訳

ISBN 978-4-422-12071-3
定価 2,640円（税込）
判型 B5判変型　上製　192頁

「モンテッソーリ園や学校に通わなくても、家庭でモンテッソーリ教育が実践できる」と、世界中で人気の本の待望の翻訳書。モンテッソーリの原則を、家庭環境の整え方、遊びと学びの時間、家の手伝いなどの日常生活で、どのように適用するかが具体的に示されています。0～18歳までが対象で、成長に合わせてテクニックを柔軟に発展させていく方法により、子どもの成長を確実なものにします。まさに新しい時代の育児書のバイブル！

心が落ち着き、
集中力がグングン高まる!

子どものための マインドフルネス

キラ・ウィリー＝著
アンニ・ベッツ＝イラスト
大前泰彦＝訳

ISBN 978-4-422-11685-3
定価 1,980円（税込）
判型 B5判変型　並製　96頁

子どもがマインドフルネスを楽しく学びながらエクササイズを行い、心と体をじょうずにコントロールする方法を30種類紹介。本文総ルビ付きのオールカラー、やさしい語り口とイラストで子どもたちも楽しめる！

おはようからおやすみまで、
毎日のルーティンの中で
楽しくできる！

子どものための マインドフルネス 2

キラ・ウィリー＝著
アンニ・ベッツ＝イラスト
大前泰彦＝訳

ISBN 978-4-422-11774-4
定価 1,980円（税込）
判型 B5判変型　並製　96頁

一日の活動を6つに分け、それぞれに合った手軽に実践できる30のマインドフルネス・エクササイズを紹介。総ルビ付きでわかりやすく、愉快なイラストも満載。心を落ち着かせ、集中力を高める方法を身につけられる！

小さな子どもといっしょに楽しむ　マインドフルネス

すこやかな心を育てる30のアクティビティ

ハイディ・フランス＝著
デニス・ホームズ＝イラスト
芦谷道子＝訳

ISBN 978-4-422-11797-3
定価 1,980円（税込）
判型 B5判変型　並製　64頁

マインドフルネスを通じて、2〜5歳の子どもたちが新しい環境や困難な状況に対応できるようにする本。遊び心溢れるアクティビティが、好奇心とエネルギーを引き出し、身体や感情への気づきを促進し、喜びや他者への共感を育みます。

子どものための　おだやかマインドフルネス

感情の波をしずめて心がやすらぐ

シャロン・セルビー＝著
アンナ・ハーリー＝イラスト
芦谷道子＝訳

ISBN 978-4-422-11798-0
定価 1,980円（税込）
判型 B5判変型　並製　48頁

マインドフルネスの手法を使って自分の気持ちと上手に付き合うための簡単な方法を紹介。

- 4つの感情「怒り」「興奮」「不安」「悲しみ」の扱い方
- 感情コントロールに役立つさまざまなエクササイズ
- 子どもでも簡単に実践できる、カラフルな絵とわかりやすい説明

〈こどもすこやかマインド〉シリーズ

- 子どもがイメージしやすい場面から学べる
- 読み聞かせにも最適
- 簡単に実践できるワーク付き
- 子どもとの対話に役立つ質問フレーズ例も充実

定価 1,980円（税込）
判型 B5判変型　並製　48頁

ものがたりとワークで身につく　勇気をもって挑戦できる！

自分を信じるこころ

レア・レイナー＝著／ザック・グルゼスコウィアック＝イラスト／
芦谷道子＝訳　ISBN 978-4-422-11799-7

「自信」の育み方を学べるイラストブック。勇気や粘り強さが身につき、自分自身をより好きになることにもつながります。

ものがたりとワークで身につく　相手に寄り添い仲良くできる！

思いやりのこころ

コリ・ブッソラーリ＝著／ザック・グルゼスコウィアック＝イラスト／
芦谷道子＝訳　ISBN 978-4-422-11800-0

「共感」の育み方を学べるイラストブック。だれかの気持ちを理解し、友だちと良い関係を築く手助けにもなります。

ものがたりとワークで身につく　こころが落ち着き集中力が高まる！

マインドフルなこころ

ローレン・ストックリー＝著／ザック・グルゼスコウィアック＝イラスト／
芦谷道子＝訳　ISBN 978-4-422-11801-7

「マインドフルネス」の育み方を学べるイラストブック。気持ちを落ち着かせ、集中力を高めることができます。

ものがたりとワークで身につく　人のやさしさにありがとうが言える！

感謝のこころ

エイミー・ウェーバー＝著／ザック・グルゼスコウィアック＝イラスト／
芦谷道子＝訳　ISBN 978-4-422-11802-4

「ありがとう」の育み方を学べるイラストブック。気持ちを整えられ、まわりも自分も幸せな気分にできるでしょう。

著者紹介

島村華子（しまむらはなこ）

モンテッソーリ&レッジョ・エミリア教育研究者

上智大学卒業後、カナダのバンクーバーに渡り、モンテッソーリ国際協会（AMI）の教員資格免許を取得。カナダのモンテッソーリ幼稚園での教員生活を経て、英国オックスフォード大学にて修士（児童発達学）・博士号（教育学）を取得。現在は、カナダの大学にて幼児教育の教員養成に関わる。

著書『自分でできる子に育つほめ方叱り方』（ディスカヴァー・トゥエンティワン）は、14万部を超えるベストセラー。『アクティブリスニングでかなえる最高の子育て』（主婦の友社）。監修に『モンテッソーリ教育の研究者に学ぶ 子育てがぐっとラクになる「言葉がけ」のコツ』（マンガ・てらいまき、KADOKAWA）、翻訳本に『0～18歳までの家庭でできるモンテッソーリ教育』（創元社）がある。

島《しま》村《むら》華《はな》子《こ》の家《か》庭《てい》教《きょう》育《いく》シリーズ①

親《おや》子《こ》でできる モンテッソーリ教《きょう》育《いく》と マインドフルネス

集《しゅう》中《ちゅう》力《りょく》がアップし、感《かん》情《じょう》コントロールができる子に！

2024年9月10日　第1版第1刷発行

著　者……………………島村華子
発行者……………………矢部敬一
発行所……………………株式会社 創元社
〈本社〉
〒541-0047 大阪市中央区淡路町4-3-6
Tel.06-6231-9010㈹
〈東京支店〉
〒101-0051 東京都千代田区神田神保町1-2 田辺ビル
Tel.03-6811-0662㈹
〈ホームページ〉
https://www.sogensha.co.jp/
印　刷……………………株式会社 太洋社

©2024 Hanako Shimamura　Printed in Japan
ISBN978-4-422-12076-8　C0037

落丁・乱丁本はお取り替えいたします。

JCOPY 〈出版者著作権管理機構委託出版物〉

本書の無断複製は著作権法上での例外を除き禁じられています。複製される場合は、そのつど事前に、出版者著作権管理機構（電話03-5244-5088、FAX 03-5244-5089、e-mail: info@jcopy.or.jp）の許諾を得てください。